生徒指導・
進路指導の
理論と実際

―― 三訂版 ――

Theory and Practice of
Student Guidance and Career Education

河村茂雄 編著

図書文化

はじめに

　本書は，大学などの教員養成課程のテキストとして使用することを想定した。文部科学省が「生徒指導提要」を 2022 年度に改訂したのに伴い，2010 年に作成された「生徒指導提要」に準拠した『生徒指導・進路指導の理論と実際─改訂版─』（2019 年刊，ISBN978-4-8100-9717-7）に大幅な改訂を加えて作成した。

　生徒指導提要とは，生徒指導の実践に際し，教員間や学校間で教職員の共通理解を図り，組織的・体系的な生徒指導の取組みを進めることができるよう，生徒指導に関する学校・教職員向けの基本書として，小学校段階から高等学校段階までの生徒指導の理論・考え方や実際の指導方法等を，時代の変化に即して，組織的で体系的な生徒指導のあり方を，文部科学省が基本書としてまとめたものである。かつて「生徒指導の手引き」（1965 年に公刊）と呼ばれていたものである。

　日本の学校教育は，(1) 固定されたメンバーの学級で生活面やさまざまな活動に取り組む日本型の学級集団制度，(2) 学習指導とガイダンス機能（生徒指導）を教師が統合して実施していくという指導体制，の 2 つが特徴である。学級集団を単位として，教師がトータルに担っていくシステムなのである。

　2017 年（平成 29 年）版学習指導要領（高等学校は 2018 年）では，「主体的な学び」「対話的な学び」「深い学び」を一体的に実現させる必要性が示され，学級集団での集団活動による学習の重要性，それを支える上記の (1)(2) の重要性が再認識されてきたといえる。

　学習内容や授業時間数などの教育課程の基準が学習指導要領で示されている（領域概念）学習指導に対して，生徒指導は，「学校で行われるすべての教育活動をつうじて行われるものである」とされ，その理念や領域があげられ，教師に求められる対応が示されているという機能概念である。生徒指導では，何を，いつ，どのように対応するのかは，学校現場にいる教師の判断と実践に委ねられている。日本の教師は，領域概念で示された学習指導と，機能概念で示され

た生徒指導を並行・統合して，学級集団を単位として行っていくところに，むずかしさがあるのである。

　本書は，生徒指導の展開に関して，2017年改訂の学習指導要領を踏まえて学習指導と一体的に進めるという視点を重視し，かつ，2017年に作成された教職課程コアカリキュラムの内容を踏まえて編集している。進路指導（キャリア教育を含む）についても同様に教職課程コアカリキュラムを踏まえている。教職課程コアカリキュラムとは，教育職員免許法，同施行規則の改正に基づき大学教育の教職課程に導入されたもので，教職に関する科目について，学生が修得すべき資質・能力を共通的に示し，そこにいたるために必要な学習内容や到達基準を構造的に示したものである。ちなみに，教職課程コアカリキュラムの「生徒指導」に示された内容は，文部科学省が2022年に改訂した「生徒指導提要」の内容が中心になっている。

　学校現場で子どもにかかわろうと志す学生方・試行錯誤している先生方に，今日の学校現場の問題を生徒指導および進路指導の視点から理解し，教育実践を進めていくためのストラテジーを少しでも提供できたらという思いから，本書を作成した。

　学校教育に真摯にかかわろうとする多くの方々の力になれば幸いである。

2025年1月

早稲田大学教授
博士（心理学）　河村　茂雄

はじめに　3

第Ⅰ部　理論編

第1章　生徒指導の基礎
第1節　日本の学校教育の特徴　10
第2節　生徒指導（guidance）の意義と原理　14

第2章　子どもの発達を支える生徒指導
第1節　子どもの発達課題と心理　22
第2節　現代の子どもの抱える問題　30
第3節　これからの生徒指導のあり方　33

第3章　教育活動に活かす生徒指導
第1節　生徒指導と教育課程　36
第2節　子どもの理解の資料とその収集　41
第3節　Q-U を個人と集団理解に活かす　47
第4節　生徒指導に役立つスキル　51
> column 1　生徒指導実践例：小学校　56
> column 2　生徒指導実践例：中学校　58
> column 3　生徒指導実践例：高等学校　60

第4章　生徒指導体制と組織的な取組み
第1節　チーム学校としての組織　62
第2節　年間指導計画に基づいた組織的な取組み　67
> column 4　教師の自己開示が与える影響　74

第5章　生徒指導に関する主な法令
第1節　校則・懲戒・体罰等の生徒指導に関する主な法令　76
第2節　高等学校における停学および中途退学の実際　79
> column 5　教職員の体罰の実際　82

第6章　進路指導とキャリア教育

第1節　職業指導，進路指導，キャリア教育への変遷　84
第2節　キャリア教育の考え方と内容　86
第3節　キャリア教育の実際　90
　column 6　子どもがもつ将来の夢から　97
　column 7　大学生が進路選択に迷う背景にあるもの：集団体験の必要性　99

第Ⅱ部　実際編

第7章　現代の子どもを取り巻く問題

第1節　児童虐待の問題　102
第2節　子どもの自殺の現状と対応　107
第3節　子どもの身近に潜むインターネット・携帯電話にかかわる問題　111
　column 8　生徒指導のむずかしさ　116

第8章　不登校の理解と対応

第1節　不登校の定義と現状　118
第2節　不登校への対応　124

第9章　いじめの理解と対応

第1節　いじめの全般的動向　132
第2節　いじめの実態調査　136
第3節　いじめへの対応　139
第4節　グループ内のいじめとその対応事例：中学校　146

第10章　非行問題の理解と対応

第1節　非行問題の理解　148
第2節　非行問題への対応　152
第3節　非行問題対応事例：高等学校　160
　column 9　非行問題についての社会学的理論　162
　column 10　行為障害・素行障害（Conduct Disorders）とは　164

第 11 章　学級崩壊・授業崩壊の理解と対応

第 1 節　学級集団と学級崩壊　166

第 2 節　学級集団が崩壊する際の学校種ごとの特徴　173

第 3 節　学級崩壊予防の指針とその考え方　177

第 12 章　家庭・地域・関係機関との連携

第 1 節　地域社会と学校との関係　180

第 2 節　学校と関係機関などとの連携・協働　183

第 3 節　教育センターの役割　184

column 11　研究機関の学校サポート　188

第 13 章　特別支援教育と生徒指導

第 1 節　発達障害の基本的な理解と支援　190

第 2 節　発達段階に応じた支援の展開　196

第 3 節　多様な性のあり方の理解と支援　200

第 4 節　外国人児童生徒の理解と支援　201

column 12　教師とスクールカウンセラーが連携した発達障害児に対する介入例　203

column 13　発達障害のある子どものキャリア支援　204

第 14 章　進路指導・キャリア教育の展開

第 1 節　ガイダンスの機能を活かした進路指導・キャリア教育　206

第 2 節　体験活動とは　209

第 3 節　職場体験の意義と効果的な展開　211

第 4 節　ポートフォリオの活用などキャリア形成に関する自己評価の意義　213

第 5 節　キャリア・カウンセリングの基本的な考え方と実施方法　215

第 15 章　高等学校の多様性の理解と対応

第 1 節　高等学校の多様性の実態　218

第 2 節　高等学校の多様性を踏まえた支援の指針　221

第 3 節　スポーツ選手とキャリア教育　224

引用および参考文献一覧　　228
おわりに　　235
編著者紹介　　237

第Ⅰ部　理論編

第1章

生徒指導の基礎

第1節 日本の学校教育の特徴

❶ 学校教育の構造

　世界の学校は，「教育課程」と「生徒指導体制」の2つの軸でみると，以下の3つのタイプに大きく分類できる（二宮，2006）。

(1) 教科学習中心の学校

　ドイツ，デンマーク，フランスなどヨーロッパ大陸の国々では，伝統的に，学校は教科を教える勉強の場であって，クラブ活動を楽しむ場ではなく，しつけや生徒指導的ケアリングは家庭や教会の責任と考えられ，学校は関与しない。生徒指導体制はほとんど整備されておらず，教育課程も教科中心で，課外活動（特別活動）は行われていない。

(2)「思想」と「労働」重視の学校

　ソ連や東ドイツといった，いまはなくなってしまった旧社会主義の国々や，キューバや中国の学校である。旧社会主義の国ではヨーロッパ大陸の伝統に基

第1節　日本の学校教育の特徴

づく教科中心の教育課程を基本としながらも，その教育課程に社会主義思想・イデオロギー教育を組み込み，同時に労働を重視する「労働科」の時間を特設している。

⑶ 教科学習とともに課外活動を積極的に実施する学校

イギリスやアメリカをはじめ，オーストラリア，ニュージーランド，カナダなど，かつての英連邦国家であった国の学校である。英米諸国では教科指導に加えて，生徒指導体制が確立され整備されている。

アメリカでは生徒指導はガイダンス・アンド・カウンセリングと呼ばれ，学校の中に定着している。生徒指導の対応内容は，教科・科目の選択履修指導，学業指導，進路・職業ガイダンス，心理相談，教育相談などからなっている。

日本は第二次世界大戦後，連合国軍最高司令官総司令部（GHQ）の占領政策が始まり，教育に関してはアメリカ教育使節団の指導を受けたので，特にアメリカのシステムがモデルになっていることが多い。生徒指導の概念も，アメリカのガイダンス・カウンセリングをモデルにしたものである。これは子どもの個人的・社会的発達の援助や教育相談を骨子としており，単に規律指導を意味するものではなく，すべての子どもの学校生活を援助する役割である。

❷ 学習指導と生徒指導の実施に関する日本とアメリカの相違点

「学校教育は『学習指導』と『生徒指導』から成り立っている」と，日本の学校教育を受けた者は当然のように考えるが，世界的な視点から見ると，そのような国がすべてではないことがわかる。

そして，日本の学校教育は，アメリカをモデルに「学習指導」と「生徒指導」から成り立っているが，両国ではその展開方法がかなり異なる。

アメリカでは，教師は学習指導に従事し，子ども個人の違いに対応することを目的とした個別化された学習指導（能力別指導，補償教育，特殊教育，ギフテッド教育，バイリンガル教育など）を行っている。

生徒指導全般に関する仕事は，その専門の資格を有するガイダンスカウンセラーが担当する。学校には常勤のガイダンスカウンセラーが複数在籍し，その

11

第1章　生徒指導の基礎

ほかにも非常勤のスクールカウンセラーやキャリアカウンセラー，退職警官ら
が携わるセーフティオフィサーなどの教師以外の専門家が組織され，生徒指導
全般に関する仕事を担当している。

　さらに，アメリカの教師は，日本で見られるように，さまざまな学級活動を
行っていく学級経営や校務分掌のような仕事は受けもたない。部活動やほかの
課外活動に携わることもない。つまり，アメリカでは学習指導と生徒指導は分
業で担当されている。

　それに対して日本では，学習指導も生徒指導も，ともに伝統的に教師が担っ
ている。学習指導は教師による一斉指導が主流で，子ども同士の学び合いが大
事にされる。

　学級集団を構成するメンバーは最低1年間固定され，そのメンバーを単位に
して，生活活動，学習活動に取り組ませていく。学級集団は所属する子どもた
ちにとって1つの小さな社会になっており，その中で，子どもたちには，班活
動や係活動，給食や清掃などの当番活動，さまざまな学級行事，学校行事への
学級集団としての取組みなどが設定されている。中学校では放課後の部活動の
担当も，教師の大きな仕事の1つである。

　つまり，日本の学校教育は，固定されたメンバーの集団で生活面やさまざま
な活動に取り組む日本型の学級集団制度，学習指導とガイダンス機能・生徒指
導を教師が統合して実施していくという指導体制，の2つが特徴になっている。
学校教育のすべての領域を統合的に教師が担っていくのが，日本のシステムな
のである。

❸ 日本の教師が行う教育実践の総体

　❷で述べたように，日本では学級集団育成，学習指導，生活指導や進路指導，
教育相談など，学級集団の形成・維持と，学級の子どもに関するすべての指
導・援助を教師が担っている。そして，そのような取組みの全体を総称して，
「学級経営」という言葉が用いられる。

　学級経営という概念は，学校教育全体にかかわるとても広い概念であり，学

12

校教育における小さな全体となっている。学校現場の教師たちがもつ学級経営のイメージは，次の**図 1-1** のようなものであろう。

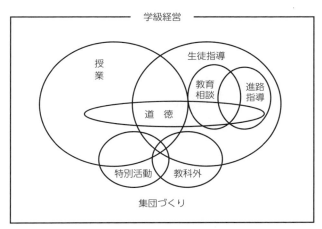

図 1-1 学級経営のイメージ (河村, 2010)

　教師の一般的な意識として，子どもたちを学級という集団としてまとめ，集団の中で教育していく手だてが，子ども個々や全体に対しての生徒指導，教育相談，進路指導，そして学習指導であるといえる。つまり，教師が行う日々の授業の中にも，生徒指導，教育相談，進路指導の要素が多分に溶け込んでいる。学習指導と生徒指導が完全に独立していないのが，日本の学校教育の特徴なのである。これは子どもをトータルに教育できるという点がメリットであるが，マイナスの方向に展開すると，学習指導も生徒指導も相乗的に悪化していくというシステムになっている。

　本書は，このような日本の学校教育のシステムを念頭において，生徒指導について解説していく。

第1章　生徒指導の基礎

第2節　生徒指導（guidance）の意義と原理

　2022年に文部科学省が改訂した「生徒指導提要」によると，生徒指導とは，「児童生徒が，社会の中で自分らしく生きることができる存在へと，自発的・主体的に成長や発達する過程を支える教育活動」と定義されている（文部科学省，2022）。

　これは，教育基本法第1条，教育の目的に掲げられている，「人格の完成」と「平和で民主的な国家及び社会の形成者として必要な資質を備えた心身ともに健康な国民の育成」に対応している。

　そして，生徒指導は学校教育の目標を達成する上で学習指導と並んで重要な意義をもつことが謳われ，さらに次の点が生徒指導提要で強調されている。

- **学校でのすべての教育活動を通じて行われるものである**
- ・教科指導，道徳教育，総合的な学習，特別活動，さらに休み時間や放課後の対応，部活動との関連を図った対応が求められる。
- **子どもが社会との調和を図りながら，自分の生き方をセルフコントロールできるような力（生きる力，自己指導能力）を身につけることを支援する**
- ・教科のように体系的な知識を与えるとか，まとまったしつけ・訓練を行うというような，教師主導で一定の行動や態度，考え方を注入するものではない。
- ・問題行動の指導という受身的な対応だけではなく，子どもの自己指導能力を育成するという開発的な対応が求められる。
- **幼児期・児童期・青年期の心理の特徴を熟知して対応されるものである**
- **すべての子どもに一定水準の共通した能力が形成されるような基盤とともに，個性にそった対応が求められる**
- **日々の学級経営の充実と，教師と子ども，子ども相互の信頼関係および好ましい人間関係を育成する中での対応が求められる**
- ・集団指導と個別指導の適切なバランスが求められる。

第2節　生徒指導（guidance）の意義と原理

> **● 学校全体の組織的・計画的な対応が求められる**
> ・教育相談と進路指導も最終的な目的は生徒指導と同じであり，生徒指導の中
> 　に含まれる領域のもので，統合して展開されるべきである。なお，小学校や
> 　一部地域で「生活指導」と呼ばれる対応は，生徒指導と同義である。

❶ 生徒指導という概念と特性

　学習指導に関しては，子どもに教えなければならない教科や学習内容，授業時間数などの教育課程の基準が，学習指導要領に示されている。学習指導は，教科指導と教科外指導において何を，いつ，どのように対応するのかという領域が明らかにされているのである。

　それに対して生徒指導は，文部省が1965年に作成，1981年に改訂した「生徒指導の手引き」，そして2010年に新たに生徒指導の理念と概要を詳しく解説し作成した「生徒指導提要」，さらにそれを改訂した「生徒指導提要」（2022）に，その理念などが挙げられ，教師に求められる対応が示されている。生徒指導は機能のみが示されており，「学校で行われるすべての教育活動を通じて行われるものである」とされ，何を，いつ，どのように対応するのかは，学校現場にいる教師の判断と実践に委ねられている。

　日本の教師は，領域概念で示された学習指導と，機能概念で示された生徒指導を並行して，統合して行っていくところに，そのむずかしさがあるのである（第1節参照）。

⑴ 学習指導と生徒指導の相互性

　学習指導を充実させるためには，生徒指導が不可欠であり，生徒指導を充実させるためには，学習指導が必要条件になる。両者は相互性をもっている。つまり，生徒指導の機能が働くことにより，子どもの学習や生活態度が安定し，学習指導も円滑に実施することが可能になる。また逆に，学習指導が充実することにより，子どもの基本的な学習内容や資質・能力が定着し，生徒指導の本来のねらいの子どもの健全な成長・発達を支援することも達成されていくので

第1章　生徒指導の基礎

ある。

⑵ 集団指導と個別指導の相互作用

　生徒指導は，生きる力を伸ばすための子どもへの働きかけであるが，その手段としては，集団指導と個別指導の両方が必要である。

　生きる力の育成には，建設的な対人関係や，集団生活・活動の体験学習が不可欠である。人とかかわる知識と技術，社会にコミットしていく知識と技術は，そのような体験から育成されるものだからである。学校や学級集団は子どもにとっては小さな社会となり，集団指導の絶好の場になる。

　このような集団指導の場で子どもに育成されるのは，生徒指導提要によると次のような力である。

●社会の一員としての自覚と責任感

　集団の規律やルールを守り，互いに協力しながら各自の責任を果たすことによって，集団や社会が成り立っていることを理解し，行動できるようになる。子どもが社会の一員として生活を営むうえで必要なルールやマナーを，体験的に習得していくことに結びつくのである。

●他者との協調性

　子どもたち全員が役割を担い，活躍できる場と機会を通して，自分が集団の一員であることを実感する。かつ，他人を理解するとともに，自分の感情や行動をコントロールできるようになり，協調性が育まれていく。

●集団の目標達成に貢献する態度

　集団における共通の目標が設定され，その目標を達成するために一人一人の子どもがそれぞれの役割や分担を通して，さまざまな問題や課題の解決に協同して取り組むことで，集団の目標達成に貢献する態度が育成される。

　また，個別指導には，集団との距離のとり方から次の2つがある。

●集団から離れて行う指導

　集団活動に適応できなかったり，より個別の発達的な指導・援助が求められ

16

第2節　生徒指導（guidance）の意義と原理

たりする子どもに必要とされる対応である。

●**集団指導の場面において個に配慮する指導**

　一斉授業の中で，個人の能力や興味に応じた配慮をする対応である。

　集団に支えられて個が育ち，個の成長が集団を発展させるというように，集団指導と個別指導は別々のものではなく，相互に作用することで，よりその成果を高めていくのである。

❷ 生徒指導の構造と援助の指針

　生徒指導の内容には，学級集団形成や狭義の生徒指導（矯正指導など），教育相談，進路指導の領域の対応が内包されている。また，それらの対応は，明確に分けることはできない。例えば，逸脱行動のある子どもに狭義の生徒指導の対応が必要とされる場合にも，その背景には，先々の展望が見えない焦燥感が現在の行動に結びついているという進路指導の問題が存在したり，逸脱行動という目立つ行動をして自己顕示することで友達の注目を集めたいという心理的な問題から教育相談が求められたりする面があるからである。

　つまり，狭義の生徒指導や教育相談，進路指導は統合されて行われるべきものであり，子どもの抱える問題の特性に応じて，それらの比重が異なると考えられるのである。また，子どもの逸脱行動は授業中にも起こり，教師は学習指導中も生徒指導を行っていかなければならない。

⑴ **生徒指導で教師が取り組むべき内容**

　多様な領域が内包されている生徒指導の対応の指針は，子どもへの対応を3段階の援助レベルで捉える学校心理学の考え方（石隈，1999）が参考になる。

●**1次的援助**

　すべての子どもがもつ発達上のニーズに対応する援助で，2つの側面がある。

・**予防的援助**：遂行上の困難を予測して，課題への準備を前もって援助する。

　（中学校への一日入学など）

17

第 1 章　生徒指導の基礎

・**開発的援助**：学校生活を通して発達・教育課題に取り組む上で必要とする基礎的な能力の開発を援助する。

（対人関係の持ち方，学習の取組み方等）

●**2 次的援助**

　教育指導上配慮を要する子どもへの援助で，援助ニーズの大きい子どもの問題状況が，大きくなってその子どもの成長を妨害しないように予防することを目的とする。早期発見・早期対応がポイントになる。

（不登校傾向，不安の強い生徒など）

●**3 次的援助**

　問題が行動化している子どもに対する援助で，問題状況の改善，不利益を低下させる特別な援助が個別に必要となる。

（不登校問題，いじめ問題，非行問題，特別支援教育など）

　3 段階の援助レベルと近似した形で，生徒指導提要（文部科学省，2022）では，児童生徒の課題への対応を時間軸や対象，課題性の高低という観点から類別し，生徒指導を構造化して解説している。

　生徒指導は，課題の発生前に行うか発生後に行うかという 2 軸にそって，課題発生前の支援（プロアクティブ）と課題発生後の支援（リアクティブ）に分類される。前者が 1 次的援助で，後者が 2 次的援助と 3 次的援助に近似している。

　また，生徒指導をどのような目的で行うかによって，発達支持的生徒指導，課題予防的生徒指導，困難課題対応的生徒指導，の 3 類に分類される。それぞれ，1 次的援助，2 次的援助，3 次的援助，に近似している。

　そして，生徒指導提要（文部科学省，2022）では，課題予防的生徒指導を課題未然防止教育（1 次的援助の予防的援助）と課題早期発見対応（2 次的援助の早期発見）に分け，生徒指導を 4 層に分類している。**図 1-2** は 2 軸 3 類 4 層の生徒指導の構造を表したものである。

18

第 2 節　生徒指導（guidance）の意義と原理

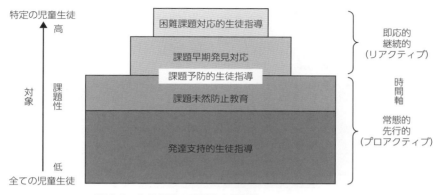

図 1-2　生徒指導の重層的支援構造（文部科学省，2022）

　子どもの抱える課題は複雑化し，学校での対応はむずかしくなり，教職員が連携してチームで支援していくことが強く期待されている。教師たちがチームで連携していくためには，生徒指導の構造や教師が取り組むべき内容を，すべての教師が理解し共有することが前提となり，それが教師たちの協働を促進し，組織対応の効果を高めるのである。

(2) 生徒指導の援助レベルの連続性

　生徒指導の援助レベル（1次的援助レベル―2次的援助レベル―3次的援助レベル）は，その子どものそのときの状況によって変化する。例えば，休み明けの登校しぶりが見られる子ども（2次的援助レベル）への対応が見過ごされたり，十分でなかったりした場合，その後にその子どもが不登校になってしまった（3次的援助レベル），というようなケースはとても多い。援助レベルの段階が進まないよう，予兆を見逃さず，早期に対応していくことが必要となる。援助レベルの連続性を示す代表的なケースには，次ページの **表 1-1** のような流れが考えられる。

(3) 教師の対応の偏り

　日本の教師は，ガイダンス機能を発揮するために，多岐にわたる知識と技能と，それらを統合して展開するアセスメント（P21，注1）を含めた技量を求められることになる。それも最も仕事量の比重の大きい学習指導を行いながら

第1章　生徒指導の基礎

表 1-1　各援助レベルのつながり

● 非行の例

子どもの抱えている問題	ソーシャルスキルの学習不足 偏ったソーシャルスキルの定着　など

1 次的援助レベルでの 子どもの様子	○浮いたマイペースな行動・態度　　○責任の欠如した行動・態度 ○無気力　　○学習習慣の欠如による学力不振
2 次的援助レベルでの 子どもの様子	○ルールの逸脱　　○自己顕示的な服装・行動，自己中心的な行動 ○極度の学力不振・学習放棄　　○教師への反発
3 次的援助レベルでの 子どもの様子	○非行　　○授業妨害　　○教師への反抗

● いじめ被害・不登校の例

子どもの抱えている問題	ナーシシズム（P21，注2）が強い ソーシャルスキルの学習不足　など

1 次的援助レベルでの 子どもの様子	○表面的な関係，友達ができない ○不安のペアリング行動　　○同調行動
2 次的援助レベルでの 子どもの様子	○孤立・排斥，引っ込み思案 ○セルフモニタリングができない（自分が置かれた状況や，その中で 　どう行動すればいいのかがわからない），対人形成スキルの学習不足 ○対人関係の軋轢，小グループ間対立，対人関係維持スキルの学習不足
3 次的援助レベルでの 子どもの様子	○いじめ被害 ○不登校

● 学級崩壊・授業不成立の例

子どもの抱えている問題	集団参加スキルの学習不足　など

1 次的援助レベルでの 子どもの様子	○不安の小グループ行動　　○グループ内での強い同調行動 ○閉じた小グループ行動　　○学習・生活ルールの乱れ
2 次的援助レベルでの 子どもの様子	○小グループ間対立　　○グループ内の地位の階層化 ○グループ間の地位の階層化　　○学級内の地位の階層化 ○学級全体活動の低下　　○学級内のルールの崩れ ○引き下げ行為の顕在化（陰口，中傷，まじめな子への冷やかし） ○教師への反発，指示の無視
3 次的援助レベルでの 子どもの様子	○学級崩壊・授業不成立

第2節　生徒指導（guidance）の意義と原理

である。

　ここに1人の教師の取り組める仕事量の問題が生じてくる。学習指導，グループアプローチ，カウンセリング，ソーシャルワーク（P21，注3），特別支援，非行臨床など多岐にわたる知識と技能を，それぞれの教師が一定レベルまで獲得するというのは理想であるが，現実的には十分ではなく，校内の教師たちがそれぞれの得意な領域を担当するという分業の発想が生起してくる。

　校務分掌の組織では，非行や逸脱行動などの矯正指導が必要な反社会的な問題は生徒指導部，学級不適応や不登校などの非社会的な問題はカウンセリング的対応が必要な教育相談部に位置づけている学校が多い。そして生徒指導部と教育相談部の連携が少なく，それぞれ独立して対応していくことが少なくない。そのため，生徒指導と教育相談などのガイダンス機能は，本来同じ目的をもち統合して展開されるべきであるが，それぞれ独立して展開される傾向が見られるのである。

　そのような学校では教師個人の意識においても，生徒指導と教育相談の捉え方が独立し，ガイダンス機能の発揮にも個人的な偏りが生じる可能性が高い。あるタイプの教師が担任する学級では，学級の子どもたちの実態の如何を問わずに，その教師の得意とする対応の比重が高まるという危険性を否定できないだろう。このような問題を改善するためにも，生徒指導の構造をすべての教師が理解し共有して取り組んでいくことが，学校全体の生徒指導の実践を高めるのである。

注1：アセスメントとは，ある問題についてその基盤となる情報を収集し分析し意味づけし統合し，意志決定のための資料を提供するプロセスである（石隈，1999）。学校現場では援助の対象となる子どもが課題に取り組むうえで，出合う問題や危機の状況についての情報の収集と分析を通して，対応の方針や計画を立てるための資料を提供するプロセスである。
注2：ナーシシズム（narcissism）とは自己愛のことであり，万能感，自己中心性，うぬぼれの3点がセットになったコンプレックスである（國分，1982）。幼児は誰でももつ幼児性である。
注3：ソーシャルワークとは，社会福祉制度による専門的援助活動のこと。

第**2**章

子どもの発達を支える
生徒指導

第1節　子どもの発達課題と心理

　人間が受精から死にいたるまでの心身の変化・変容において，身長が伸びる
などの量的な面を「成長」といい，そこから生じる運動能力の変化（より構造
が複雑になり，より多くの高度な機能が果たせる状態になる）などの機能的な
面を「発達」という。

　生徒指導は子どもの健全な成長・発達を支援するのが目的である。したがっ
て，その教育効果を高めるためには，子どもの発達の仕方や心理についての理
解が欠かせないのである。

❶ 子どもの発達課題

　教える側にとって，子どもに，いつ何をどのように教育するのかについて，
生涯を通して大きな指標となるのが発達段階と発達課題の考え方である。人間
の発達は連続的・継続的に進行していくものであるが，特定の年齢時期は，ほ
かの年齢時期とは異なる特徴のまとまりをもっている。これを発達段階という。

22

第1節　子どもの発達課題と心理

　人間が健全で幸福な発達を遂げるためには，各発達段階で達成しておかなければならない課題がある（Havighurst, 1953）。これを発達課題という。発達課題は発達上の各時期に解決することが必要であり，うまく解決できると次の段階への移行や適応が進むが，解決されないと移行や適応が困難になる。

　エリクソン（Erikson, 1950）も，各発達段階で解決すべき中心的な課題を，人間の一生を8段階（ライフサイクル）に分けて考えた。この指標は現在でも広く活用されている。

　子どもが各時期に達成すべき発達課題は次の内容である。

⑴ 小学校時代：学齢期──7〜12歳頃

　この時期は大人になることを学ぶ時期であり，忍耐強く勉強や活動を行い，それを着実に完成させられるか，その取組みに喜びを獲得できるかが課題になる。獲得できた場合には，子どもは有能感をもち，人生を前向きに捉えることができるようになるが，うまくいかないときは，現在や将来の自分に自信をもつことができなくなってしまう。

　なお，小学校就学前までに達成すべき発達課題は次のような内容である。

- **乳児期**：0〜1歳頃で，養育者のあたたかな養護を受ける中で，安心して生きることが許されている自分やそれを許してくれる大人を実感できるかどうかが大事である（基本的信頼）。
- **幼児前期**：1〜3歳頃で，自分の足で立ち，歩き始める時期で，何でも自分でやりたい子どもとしつけを行う養育者の綱引きの中で，適度なバランスがあることが重要である（自律性）。
- **幼児後期**：4〜6歳頃で，活気に満ち，遊びを通して成長していくと同時に，養育者のしつけを内面化していく時期であり，両者の適度なバランスが大事である（自発性）。

　小学校に入学したばかりの子どもが落ち着いて学校生活を送れないという「小1プロブレム」の問題は，幼児期までの発達課題の未達成が，背景にあると考えられる。

23

⑵ 中学校・高等学校時代：青年期── 13〜22歳頃

青年期は，自分とは何者かを問い，社会の中に自己を自分なりに位置づける時期である。自分が自分であるという自覚を「自我同一性（アイデンティティ）」というが，青年期の発達課題は，この自我同一性を確立することである。

自我同一性とは，自己の斉一性（自分が自分であることの一貫性）と連続性（自分の内的な歴史の一貫性）の認識が自他ともに存在する感覚とともに，これらの感覚から得られる自分らしさの感覚を維持できている状態である。

自我同一性がどの程度達成されているかを把握する「心理・社会的基準」としては，役割の試みと意思決定期間という「危機」と，人生の重要な領分に対する「積極的関与（自己投入）」の2つが指標となる。危機と積極的関与には，過去・現在・将来といった3つの時点が含まれている（Marcia, 1966）。

危機と積極的関与の有無を座標軸として，自我同一性の達成の度合いを分類したものを「地位」と呼び，大きく次の4つに分類することができる。

●**同一性達成地位**：過去に危機を経験し，現在は危機を経て得た対象に積極的に関与している者がこの地位に属する。全体的なアイデンティティ水準は最も高い。

●**権威受容地位（早期完了地位）**：過去にいかなる危機も経験していないにもかかわらず，特定の対象に積極的に関与している者がこの地位に属する。この地位は，自分の目標と両親の目標との間に不協和がなく，すべての体験が幼児期以来の自分の信念を補強するだけになっている。ある種の「硬さ」（融通のきかなさ）が特徴的であり，「積極的関与」と「見せかけの自信」のため，同一性達成群と同じように見える。しかし，両親の価値観が通じないような状況下において混乱をきたす。意思決定期間（危機）が明確に見られないことが特徴である。

●**モラトリアム地位**：現在危機の最中で，意思決定をしようと模索している時期にある者がこの地位に属する。積極的関与の対象や領域はあいまいで焦点化されていないが，自己選択するために，一生懸命に努力奮闘している型で

第1節　子どもの発達課題と心理

ある。積極的関与の仕方があいまいに見えるのは，積極的関与の方向がさまざまな方向へ向かっていて1つに絞りきれない，または，それに決定的に打ち込んで行動していないためである。

●**同一性拡散地位**：危機の体験に関係なく，現在積極的関与の対象をもっていない者がこの地位に属する。全体的なアイデンティティの水準は最も低い。同一性拡散地位は，いくつかの下位類型に分類される。1つは危機前拡散型である。いままで，自分がほんとうに何者かであった経験がないため，何者かである自分を創造することが困難であったり，危機に直面した経験がないため，社会における自分の役割や信念が不明確な状態で，責任ある行動を求められると動揺する型である。もう1つは，危機後拡散型である。積極的関与をしないことに積極的関与している型である。これは，何らかの危機を経験してはいるが，何事にも積極的に関与しようとせず，すべてのことを可能なまま放置している状態であるといわれている。

　近年では，「同一性拡散地位－モラトリアム地位」の中間状態を示す青年がとても多くなっていることが報告されている（無藤，1979）。この地位は，現在の積極的関与の程度が同一性拡散地位ほどに低くはないが，モラトリアム地位ほどには意思決定をしようと積極的関与の対象や領域を模索しているわけではない型である。現在の青年たちは，自我意識や人生観・世界観の形成において，従来の青年像と比較して，深刻な苦痛体験をもつ者が少なくなり，現実主義や楽天主義的な傾向をもつ者が増加しているといわれている。

　発達課題は，子どもを支援していく上での大きな指針になる。

❷ 子どもの一般的な傾向と心理

　さらに子どもの支援をより細やかに進めていくためには，子どもの一般的な傾向や心理を，理解することが求められる。ここでは，特に子どもの「自己意識」「規範意識」「対人関係・集団参加」の観点から各時期を捉える。

(1) 小学校時代

●低学年

　身の回りのことを自分一人でかなりできるようになるが，幼児期の自己中心性は残っており，他者の視点から自分の行動を見ることはむずかしい。逆に，他者との比較によって客観的に自分の能力を認識することができないので，自己評価は一般にとても肯定的であり，「自分はできる」という認識をもって，いろいろなことにチャレンジしていく傾向にある。

　道徳性の面では，行ってよいことと悪いことについての理解ができるようになるが，保護者や教師の影響を大きく受ける。幼児期前期の自己主張の盛んな「第1次反抗期」を経て，自己主張をして自分の意思や願望を通すことを学習するが，幼児期後期くらいから幼稚園・保育園などでの生活を通して，徐々に友達への配慮や連帯意識が生まれてくる。そして自分の行動をコントロールする自己制御の力がこの時期に顕著に発達してくる。

　しかし，発達の個人差がとても大きく，子どもの問題行動の背景には自己制御の力の不足があり，入学直後から長期間に渡って不適応傾向を示す「小1プロブレム」も，この問題が起因していると考えられる。

　低学年の子どもの友達へのイメージは，「一緒にいるのが友達」という感じである。

●中学年

　中学年になると，同年代の友達と自分の比較（社会的比較）ができるようになる。人間は肯定的な面と否定的な面を同時にもつことを理解できるようになり，肯定・否定の両方を統合した自己概念をもつことができるようになる。評価の基準も，「好き－嫌い」という個人的な基準と，「よい－悪い」という社会規範を反映したものとに分化していく。

　さらに，学業やスポーツの能力についての関心が高まり，自分が適応的に行動できるという能力についての自信は，有能感（自己効力感）と呼ばれ，子どもの行動や意識に影響を与える。

第1節　子どもの発達課題と心理

　学校生活にも慣れてきた中学年は，活動意欲が高まってくる時期であり，近年は少なくなってきたといわれるが，同性の数人の子どもたちで徒党を組んで遊ぶ時期（ギャングエイジ）は，まさにこの中学年の頃である。

　中学年の子どもの友達のイメージは，「一緒に遊ぶのが友達」という感じである。

● 高学年

　思春期に入る高学年は，心身の発達が著しい時期である。身長の年間発育量が最大になるのは，男子では小6から中1の間，女子は小4から小5の間である。第2次性徴も現れ始め，急速に性を意識し出すのも高学年の時期である。

　心の面では，自我にめざめ，自分を客観的に，第三者の視点で捉えようとし，自分の内面の世界を意識するのがこの時期である。理想主義的な傾向が強く，自分の価値判断に固執しがちな面が強い。自律的な態度が発達し，責任感も強くなるので，批判力も高まってくる。

　大人社会の価値観も見えてくるこの時期は，大人への仲間入りの第一歩として，一方的な大人（親や教師）への依存から，一歩踏み出す形で，親や教師に対する反抗が見られてくる。

　高学年の子どもの友達のイメージは，「気が合うのが友達」という感じであり，「親友」という存在ができ，特定の友達と親密なかかわりをもち，互いの考えや気持ち，秘密を共有し合うようになる。女子は友達集団の規模が小さくなり，集団内の親密性や集団外への排他性も高まってくる。

⑵ 中学校時代

　思春期とほぼ重なるこの時期は，第2次性徴が現れる身体的変化，自分や家族を客観的・論理的に見ることができるようになる心理的変化という，心身両面の急激な変化にさらされ，不安定な時期である。子どもはこの変化から生じる悩みや葛藤に対して，自分を特殊視し，一人で悩むことが多くなる。

　特に，この時期は自我のめざめから，親や教師という権威に反抗する（第2次反抗期と呼ばれる）ことを通して自分を見つめ，価値観や生き方を確立していく過程をとるので，大人に相談することも少なくなる。

27

第2章　子どもの発達を支える生徒指導

　このような中で，友達との交流を通して秘密や悩みを共有し合うことにより，それらの葛藤や悩みをもちつつ生きていくことを自己受容できるようになっていくのである。

　思春期の子どもには友達との交流がとても重要であり，「ギャングエイジ」での体験が，友達関係を形成するソーシャルスキルの基礎になる。ギャングエイジの十分な体験をしていない子どもは，友達関係をうまく形成することができず，思春期の悩みや葛藤を自己受容できず，外の世界・社会に開かれた柔軟な自我形成ができづらくなる。それが中学校時代では学校不適応という形で現れるが，その影響は成人後の社会参加の段階にも及ぶのである。

(3) 高等学校時代

　この時期の自我の確立という課題は，「人間とは何か」「人生とは」「社会とは」という問いにつながっており，理想と現実のギャップが，まず親や教師や社会一般の大人に反抗という形で向けられやすい。

　この反抗には激情的な傾向が見られ，激しくいらだったり，過度に虚勢を張ったり，折り合いをつけることに困難が見られ，黒か白かという二者択一的な方向に流れやすいのである。

　やがて，友達や自分自身の中にもそのギャップを見いだし，結局「自分とは何者なのか」という問いに戻ってくる。自分だけでは頼りきれない不安と独立への要求が激しく葛藤し，過度に情緒的な反応を示しやすい。

　青年期は抽象的思考ができるようになり，「現実のこと」から現実にはないが「推論上ありうること」も，自己の思考過程も他人の思考過程も，証拠に照らし合わせて論理的に推論できるようになる。

　その結果，未来を含んで見通しをもって考えられるなど，時間的な展望をもつことができるようになる。時間的展望とは，ある時点における心理学的過去および未来に関する見解で，将来展望は時間的展望の未来の方向のことである。青年の現在の行動は，過去ばかりではなく，未来によっても規定される。「いまが楽しければいい」「将来のためにいまは苦しくてもがんばろう」など，その子どもがもつ将来展望によって，現在の行動が左右されていくのである。

第1節　子どもの発達課題と心理

　また，他者との交流が少なく自分の世界に閉じた生活を送っていると，思考が自己中心性を帯びてくる。例えば，青年は自分の容姿に関心が奪われがちだが，他人も自分を同じように見ていると考えてしまい，想像上の観客を勝手につくり上げ，それに反応してしまうのである。

　さらに，自己への意識の高まりとともに，他者に対する意識も急激に高まり，他者と自分を比較する中で，自己評価を下げ，さまざまに悩むことが多くなる。

　この傾向は，自分を抑えて演技して他人に合わせたりする「偽りの自己行動」につながることがある。特に女子に顕著で，性役割期待に合わせようとするなど，関係性の維持への願望が強いことが影響している。

　また，高校生の特徴として，性的成熟の問題がある。多くの研究から，早期に性的成熟を迎えたとき，変化に対応する知的，社会的，情緒的発達の程度をまだ備えていないために，困難が生じることが指摘されている。この傾向も，男子よりも女子に多く見られ，その後の友達関係にも影響していく。

　以上のような子どもの問題は，とても個人差が大きい。また，高等学校は入試の選抜によって特定の子どもが集まりやすいという特性があり，学校のタイプにより，表出する問題の形もかなり異なってくるのである。

　子どもの一般的な傾向や心理を考えると，個人の特性，友達関係，学級集団の状態，に対するアセスメントがとても大切である。その上で，子どもの援助ニーズに合わせて，発達課題と教育課題に統合的に対応することが求められる。そのためには，明確な指針のもとに，学校で行われるすべての教育活動（教科指導，道徳教育，総合的な学習，特別活動，さらに休み時間や放課後の対応，部活動との関連など）を通じて，学校全体の教師の組織的・計画的な対応が求められるのである。

第2章　子どもの発達を支える生徒指導

| 第2節 | **現代の子どもの抱える問題** |

❶ 学校現場・社会の問題の背景にあるもの：対人関係形成力の低下

　不登校は「誰にでもおこりうる」（文部省学校不適応対策調査研究協力者会議，1992）という発表は，「ふつう」の子どもの対人関係形成力の低下を提起している。家庭や地域社会の中で体験学習が不足したことにより，対人関係をうまく形成・維持できない，過度に不安や緊張が高くなってしまう，ストレスを適切に処理できない，などの状態が子どもに見られるようになった。その結果，対人関係を避けるようになったり，逆に攻撃的な行動や態度が表面化してしまったりして，学級集団に適応できにくい子どもが増えてきたのである。

　現代では，前述の問題は常態化し，子どもが集まり，活動し，生活する学級は，対人関係に起因したさまざまなトラブルが発生しやすく，子どもにとってストレスフルな場所になりやすい。教師も，対人関係形成力の低下した子どもばかりを30〜40人集められたとしたら，学級集団を形成することは容易ではない。いまや「学級崩壊はどこの学級にも起こる」という時代になったのである。対人関係の問題に起因するこれら一連の問題，すなわち，不登校と学級崩壊の問題は連続した問題といえる。

　また，2001，2002年ころからは，ニートやフリーターの若者の問題が注目され始め，2005年時点では，全国でニートと呼ばれる青年が約85万人，フリーターと呼ばれる青年が約400万人いることが報告されている（ニートは職に就かず，学校機関にも所属せず，そして就労に向けた具体的な動きをしていない15〜34歳の若者。フリーターは，15〜34歳の若年のうち，パートやアルバイトおよび働く意志のある無職の人）。どちらの青年も社会に根づいて自立して生活できておらず，高齢化が急速に進む日本で，深刻な社会問題となっている。

　ニートやフリーターと呼ばれる若者には，次のような共通点がみられる。

30

第2節　現代の子どもの抱える問題

- 対人関係がうまく形成・維持できない（形成したいと思わないも含む）
- 規律やルールの確立した，責任が問われる集団に参加することが苦手
- ストレスや傷つくことにとても弱い（反動として，強気，自己主張的な反応も含む）

　これらの若者は，「不登校はどの子にも起こりうる」と言われた子どもたちの，10年後の姿と考えられ，いまやこの状態は常態化している。不登校や学級崩壊の問題は学校だけの問題ではなく，生涯教育時代の社会全体で考えなければならない，子どもの発達の問題であるといえるだろう。

❷ 現代の子どもの友達関係の特徴

　人間が段階的に心理社会的な発達を遂げながら自己を確立していくためには，それぞれの発達段階に見合った対人関係の体験学習が不可欠である。対人関係は，その人の心のよりどころとして情緒の安定に寄与するだけではない。かかわり合うことを通して「他者」と「自分」という視点が生まれ，他者から自分に対するフィードバック（評価，励まし，叱責，肯定など）を得ることで，自分というイメージが形成されるのである。したがって，自己を確立していくプロセスでは，いろいろなタイプの人とかかわり合い，自分のいろいろな面を体感することが必要になってくる。

　さらに，青年期に入る時期からは，自分は何を大事にしたいのか，どのように生きていきたいのか，という実存的な問題を語り合えるような対人関係をもつことによって，自己概念（自分に対するイメージ）が形づくられていく。自分なりの価値観を形成するようになるわけである。

　つまり，対人関係は，より広く，より深く，という2つの直交するベクトルのバランスをとりながら，適度な負荷の中で，試行錯誤しながら体験学習されることが理想的といえるだろう。このようなプロセスを経ることで，人とのかかわり・社会とのかかわりの中で，自分なりに輝ける個性をもつ人間が形成されていくのである。「人間は人の間で人になる」とは，まさにこのプロセスを

指しているのである。

では，現代の子どもはどのような対人関係を築いているのだろうか。延べ5万人の子どもを対象にした調査（河村，2007b）で次の点が明らかになった。

- 4人までの狭い閉じた小集団を形成する傾向
- 小集団の友達関係の中で，同調的な関係を形成する傾向

現代の子どもは，30人前後の学級集団の中で，気心の知れた数人の同じメンバーとだけかかわる傾向が見られる（図2-1）。そして，小グループ内では他者の心情を過度に気づかうような，同調的な関係を続ける傾向が認められる（図2-2）。

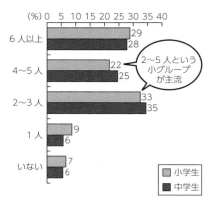 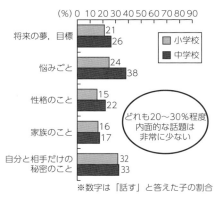

図2-1 「何でも話せる友達は何人いますか？」への回答（河村，2007b）

図2-2 「次のような話を友達とすることがありますか？」への回答（河村，2007b）

協調とは，互いの自主性を尊重した上で，各自の考えの相違点を協力して解決していくことであるが，同調とは自分の思いを抑え，他の意見・行動に合わせることである。現代の子どもは，小集団のメンバーと，いかに関係を保持していくかに主眼があり，不安のグルーピングで4人くらいまでの小グループをつくる傾向が強いのである。

人を成長させる人間関係とは，協調関係にある人とのかかわりであることは

言うまでもない。協調関係の中では，相手のよい面を学ぶことができる，関係調整のスキルを学習することができる，自分の考えや意志が確立してくる，人間関係が開かれていく，からである。

しかし，現代の子どもの友達関係の特徴は，対人関係を通した心理社会的発達に寄与しにくいといえる。その結果，自分の所属する小集団外のクラスメートには，気づかいやかかわりが乏しくなってくる。

小集団の利益が優先され，学級全体でまとまるという雰囲気が生まれにくい。さらに，小集団は外に閉じる傾向があり，集団同士が互いに対立する，排他的・防衛的になるという傾向が生まれやすいのである。

新型コロナ感染症の社会的な自粛を経た令和の日本の学校現場では，以上のような子どもの傾向はより強まり，不登校の児童生徒数も増加をしている。このような子どもの実態に対して，生徒指導提要（文部科学省，2022）では，生徒指導でより留意すべき点を示している。

第3節　これからの生徒指導のあり方

❶ 子どもの実態を踏まえた生徒指導のポイント

現代の子どもの実態を踏まえると，これからの生徒指導には次の5つは相互に関連し，相補的に展開されていくものである，という点が重要である。

以下にそれぞれ詳しく説明していく。

⑴ 発達課題達成支援の重視

子どもの援助ニーズに合わせて，発達課題と教育課題に統合的に対応することが強く求められる。方向としては，次の2つである。

- 子どもの発達課題の達成状況にそった教育課題の提示
- 子どもの発達課題の達成を促進する教育課題の工夫

第 2 章　子どもの発達を支える生徒指導

　1つ目は，例えば小1プロブレムや中1ギャップの実態を踏まえて，どのように学級生活や活動，授業を展開していくのか，という視点である。小学校入学当初において，生活科を中心とした合科的・関連的な指導や弾力的な時間割の設定などを工夫する「スタートカリキュラム」の実施が必要なのである。

　2つ目は，子どもが各発達段階の課題を達成するために，どのような学級生活や活動，授業を展開していくことが望ましいのか，という視点である。社会的自立に向けた取組みを，日常の教育活動を通じて実施する必要性が，「生徒指導提要」（文部科学省，2022）でも指摘されている。

⑵ 常態的・先行的（プロアクティブ）志向

　問題が発生したから対応するのではなく，子どもの実態を踏まえ，心理社会的な発達を計画的に促進していくことを意図した展開が求められる。その前提として，子どもの理解はより重要となる。

⑶ 統合的・能動的志向

　生徒指導は教育課程外の教育活動であり，⑴と⑵を展開していくためには，明確な指針のもとに，学校で行われるすべての教育課程における教育活動（教科指導，道徳教育，総合的な学習，特別活動，さらに休み時間や放課後の対応，部活動との関連など）を通じて，学校全体の教職員により組織的・計画的に対応していくことが求められる。

　教師は援助と指導のバランスをとりながら，子どもに現実原則や社会のルールを教え，定着させるという能動性が期待される。指導行動の豊富なバリエーションを身につける必要があるのである。

⑷ 集団指導志向

　統合的に生徒指導を展開していくことの中には，個別指導と学級全体で一斉指導を統合させる展開も含まれる。したがって教師には集団を積極的に活用するスキル，例えば，構成的グループエンカウンター（SGE），学級ソーシャルスキル（CSS）のトレーニングなどが求められる（第3章参照）。

　社会とは，ルールの中で，人々がかかわり合って，社会的役割を行使し合って成り立っていく世界である。子どもは学級集団での生活を通して，社会のル

第3節　これからの生徒指導のあり方

ールと折り合いをつけながら，またほかの子どものそれぞれの気持ちと折り合いをつけながら，自分の思いや欲求を満たしていく術を身につけていく。それが，将来社会人として生きていく力になる。

　大事な点は，ルールがある公的な集団で，一定の長い時間と期間，いろいろなタイプの人たちと，役割交流と感情交流を伴った対人関係をもちながら，生活・活動する体験を子どもにさせることである。その前提として，教師には学級集団の状態を把握する方法，育成するためのスキルが必要不可欠である。

⑸ キャリア教育の重視

　キャリア教育の推進は，⑴の発達課題達成支援の重視と表裏一体のものである。子どもが各段階の発達課題に向き合い，その壁を乗り越え充実した生活を送るためには，自分はどのような人生を送りたいのかという将来のビジョンをもつことが不可欠である。キャリア教育は，子どもに将来の生き方の選択と選択したものの育成を支援していくものである。その第一歩は，いまの時点での生き方をどうするのかという自己選択であり，それは発達課題達成への支援でもあるからである。

　そして，⑴と⑸を関連させて教育していくためには，⑵⑶⑷の対応方法が求められるのである。

第3章

教育活動に活かす生徒指導

第1節 生徒指導と教育課程

　日本の学校教育は学習指導と生徒指導から成り立っている。学習指導は教科指導と教科外指導とから構成されている。各学校が学校教育の目的や目標を達成するために，子どもの心身の発達に応じ，授業時数との関連において総合的に組織した教育計画を教育課程という。

　そして，文部科学省が初等教育および中等教育における教育課程の基準を示したのが学習指導要領である。小・中・高等学校の各学校の教育課程は，国語や社会などの各教科と，特別活動や総合的な学習の時間などの教科外の学習から構成されているのである。

　教育課程の内容は，多数の子どもを対象に，一定の期間で一定の資質・能力を育成しようとするため，子どもの多様性より共通性が優先されがちになる。そこに子ども一人一人の個性に応じることを重視する生徒指導の機能が活かされることで，教育効果が高まることが期待される。また同時に，教育課程の実施が充実することで子どもの資質・能力が高まり，生徒指導のねらいである子

第1節　生徒指導と教育課程

どもの健全な成長・発達を支援することも達成される。

　生徒指導は，教育課程のすべての領域（教科学習と教科外学習）において機能することが求められている。さらに，休み時間や放課後などの教育課程外（子どもの抱えた問題や状況に応じて個別相談を行ったり，学業不振で学級不適応になっている子どものために補習指導をしたりするなど）でも機能していることは言うまでもない。

　生徒指導提要（文部科学省，2022）でも，「学習指導要領の趣旨の実現に向け，全ての子供たちが自らの可能性を発揮できるように『個別最適な学び』と『協働的な学び』を一体的に充実していく上で」個別の問題行動等への対応といった課題早期発見対応及び困難課題対応的生徒指導にとどまることなく，「特に発達支持的生徒指導の考え方を生かすことが不可欠」であるとしている。

❶ 学習指導に活かす生徒指導

　学習指導における生徒指導の機能には，次のようにリアクティブな側面とプロアクティブな側面がある（文部科学省，2022）。

　以下にそれぞれ整理する。

⑴ リアクティブな側面（起きた問題への対応）：学習不適応に対応する

　教育課程はすべての子どもの資質・能力の育成をねらいとした共通の学習内容の設定があり，授業を通して指導が行われている。したがって，子どもの能力の個人差によって，授業中の学習の進度についていけない子どもや，反対に学習が平易すぎて退屈する子どもが出てくる。両方とも学習不適応であり，取り組む意欲をなくし怠学傾向になったり，授業妨害をしたりするケースも見られるのである。

　このような子どもに対して，一人一人のもつさまざまな学習上の悩みや問題の相談にあたたかく応じ，その子の能力や適性，さらには家庭の状況などについての理解に努め，不適応の原因をつぶさに分析し，一人一人に即した指導方針を打ち出して，適切な指導を行うことは，生徒指導の重要な機能の一つである。

　具体的には，以下の対応の中に，生徒指導の機能が含まれている。

第 3 章　教育活動に活かす生徒指導

> - 特定の教科の遅進を補うための補習・指導に配慮すること
> - 子ども同士で学習を助け合うグループ活動を援助すること
> - 子どもにとって比較的得意とする方面を伸ばす方法を講ずること
> - 子どもの生活上の問題を改善するため，保護者と相談・協力するとともに，必要に応じて相談機関や青少年保護育成関係の諸機関の協力を得ること
> - 不適応の原因が病気その他心身の問題による場合は，関係方面の専門機関と連携し，治療および相談が行えるようにすること

⑵ プロアクティブな側面（発達支持的な取組み）：子どもの「主体的・対話的で深い学び」を促進する

　従来はリアクティブな側面に教師の意識が向かいがちであった。一方で，グローバル化や情報化が急速に進む社会で生きる子どもに必要な資質・能力を育む観点から，「主体的・対話的で深い学びの実現に向けた授業改善」が2017年改訂の学習指導要領で強調された。そして子どもに育成したいのは，自律性や自主性，社会性や責任感と協力的態度，実践的能力などであり，日々の授業では，知識を子どもに教え込むような展開ではなく，子どもが主体的に学び合う展開が求められる。したがって，次のような生徒指導のプロアクティブな側面を活かすことが，学習指導にもより求められる。

> ● わかる授業を行い，自己存在感の感受を促進する授業づくり
> 　子どもの多様な学習の状況や興味・関心に柔軟に応じることにより，「どの子どももわかる授業」になるよう創意工夫することが必要である。学習の状況等に基づく「指導の個別化」だけではなく，子どもの興味・関心，キャリア形成の方向性等に応じた「学習の個性化」により，子ども一人一人のよさや得意分野を積極的に活かすようにすることである。「指導の個別化」と「学習の個性化」により個別最適な学びを実現できるように，授業で工夫することが大事である。なお，ICT の活用は，授業における個別最適な学びの実現に役立つのである。
> ● 共感的な人間関係を育成する授業づくり・学級集団づくり

38

第1節　生徒指導と教育課程

　子どもに協同で学ぶことの意義・大切さを実感させることが「主体的・対話的で深い学び」の前提になる。一斉学習やグループ学習で学び合う場を積極的につくり，みんなで建設的に相互作用して学ぶことができるようにすることが教科指導における生徒指導のポイントである。それは同時に，子ども一人一人が互いの違いを認め，支え合い，学び合う人間関係を醸成することにつながる。教科指導を通して思いやりのある心や態度を形成することができるのである。

　つまり，授業において，互いに認め合い・励まし合い・支え合える学習集団づくりをしていくことが大切である。そして，一人一人の子どもが安全・安心に学べるように，学級・ホームルーム集団が子どもの「居場所」になるような集団に育成することが大事である。

● 自己決定の場を提供し主体的な学習態度を養う授業づくり

　自ら考え，自ら判断し，自ら行動しながら主体的に問題を解決していく能力や態度という資質・能力は，生徒指導がめざしているものと同じである。そのためには，授業場面で子どもが自らの意見を述べたり，観察・実験・調べ学習等で自己の仮説を検証しレポートにまとめたりすることを通して，自ら考え，選択し，決定する力を育てることが求められる。したがって，教師は個に応じた指導や教材・題材の開発と作成，発問や指示の構成などの指導方法，ティーム・ティーチングなどの指導体制を継続的に工夫・改善することが欠かせない。

❷ 教科外学習に活かす生徒指導

　教科外学習は，特別活動，総合的な学習の時間などであり，その学習の特徴は協働的・集団的に学ぶことである。本項では特別活動に焦点を当て，生徒指導提要をもとに，以下に整理する。

(1) 特別活動と生徒指導

　特別活動の内容は，中・高等学校では「学級活動（高等学校ではホームルーム活動）」「生徒会活動（小学校では児童会活動）」「学校行事」の3領域，小学校ではこれに「クラブ活動」が加わった4領域である。

第3章　教育活動に活かす生徒指導

　特別活動は，集団活動が教育内容であり，同時に方法原理でもある。集団活動を通した子ども同士の相互作用から獲得される学び自体が，子どもの社会性やコミュニケーション能力を育成し，さらに，個性や創造性など，人格形成の重要な資質・能力の育成に直接深く寄与するからである。

　生徒指導のねらいである自己指導能力や自己実現のための態度・能力の育成は，特別活動の目標と重なる部分もあり，特別活動と生徒指導は密接な関係にある。特別活動で学習する内容は生徒指導の見地からは次のように説明できる。

●**所属する集団を，自分たちの力によって円滑に運営することを学ぶ**

　集団活動には，学級内のもの・学級の枠を超えたもの・自発的に行うもの・教師主導のものなどさまざま種類があるが，「望ましい集団活動」を通して，集団活動の方法や実践的な態度を身につけさせていくことが基本である。

　なお，望ましい集団活動とは，親和的な集団の状態が前提となり，その中で子どもの建設的な相互作用が生起している状況である。

●**集団生活の中でよりよい人間関係を築き，それぞれが個性や自己の能力を活かし，互いの人格を尊重し合って生きることの大切さを学ぶ**

　前項目と同様に，子どもは望ましい集団活動の場でこそ，それぞれが個性・能力を活かして協働できるのであり，互いの人格を尊重し合って生きることの大切さを学びながら社会的に自立し人間的成長を図ることが可能になる。

●**集団としての連帯意識を高め，集団（社会）の一員としての望ましい態度や行動のあり方を学ぶ**

　集団を構成するのは子ども一人一人であり，個人と集団とは相互関係にある。子どもにとって望ましい集団をつくることが，同時に，自らの成長を促進させることにもなる。したがって，集団活動の中で子どもそれぞれに役割を与えて自己存在感をもたせ，自己の思いを実現する機会をつくるとともに，集団との関係で自己のあり方を自覚させるように指導し，集団の一員としての連帯感や責任感を養うことが大切である。

　このような集団活動の基本は，小・中学校の学級活動と高等学校のホームル

ーム活動である。次にその詳細を説明する。

(2) 学級・ホームルーム活動と生徒指導

　学級活動とホームルーム活動の目標と内容には，発達の段階上の特性からの違いが見られるものの，ほとんど差異はない。学級活動・ホームルーム活動における，生徒指導を意識した取組みの視点として，次の3点を挙げることができる。

- 子どもの自主的，実践的な態度や，健全な生活態度が育つ場であること
- 子どもの発達支持的生徒指導を行う中核的な場であること
- 学業生活の充実や進路選択の能力の育成を図る教育活動の要であること

　2017年改訂の学習指導要領では学級活動とホームルーム活動を要にし，各教科などの特質に応じてキャリア教育の充実を図ることが示されており，教育課程における学級活動とホームルーム活動の比重はより高まっている。そのポイントは，学級活動とホームルーム活動が「望ましい集団活動」となることが前提であり，ここに，学校現場ではとても大きな困難さを抱えているのである（第11章参照）。

第2節 　子どもの理解の資料とその収集

　生徒指導の目的は子どもの健全な成長・発達を支援することであり，その教育効果を高めるために，子どもの発達や心理の理解は欠かせない（第2章参照）。同時に，一人一人の子どもをどのように理解し，指導にあたるかという方法論をもっていなければならない。子ども個人および個人を取り巻く環境について計画的，多面的，継続的に資料を収集することが重要なのである。

❶ 子どものアセスメント

　アセスメントとは，情報を収集し，分析し，意味づけし，援助的介入をするための対応方針の資料を作成するプロセスである。子どもの情報を収集する方

第3章　教育活動に活かす生徒指導

法として，観察法，面接法，調査法がある。これらについてそれぞれ説明する。

(1) 観察法

　観察法は，子どもの様子を観察し，記録し，分析することで，アセスメントするための資料を得る。観察法は，教師（学級担任）が子どものアセスメントをする際の最も基本であり，学校現場に適した方法といえる。観察法が教師にとって活用しやすい理由として，子どもの日常場面が把握できる，学校生活を共にしているので参加観察者として詳細に行動を分析できる，子どもに内省を求めず，表出される行動や態度，雰囲気などを通して全体的に様子を捉えられる，などが挙げられる。

　学校現場における観察法は，子どもの行動を自然のまま観察する自然観察法が主に用いられる。下記に具体例を記す。

●日誌法

　日常生活で生じる行動を記録していく。対象となる子どもとの接触が多い場合に利用しやすい方法である。記録の仕方は，「Aは昨日まで明るく元気であった」など抽象的にせず，「Aは昨日まで教師や友達に自分からよく話しかけていた」「笑顔を見せた」など具体的に書く。問題行動を記録する際にも「反抗的である」「攻撃的である」など漠然と捉えるのではなく，「無言を通した」「器物を壊した」など，具体的な行動を書く。

●時間見本法・場面見本法・行動見本法（事象見本法）

　時間見本法とは，あらかじめ設定した時間帯に，特定の行動が生起したか否かについて記録する。子どもの立ち歩き行動を観察する場合，子どもの立ち歩き行動すべてを観察するのではなく，1時間に10分間などと時間を区切って立ち歩き行動の頻度を記録する。そのほかに，視線や表情，会話など気になる行動を記述し，観察・評定する。

　場面見本法は，対象となる子どもの行動が生起しやすい状況（場面）をあらかじめ選び，行動を観察する。例えば，子どものあいさつ行動を観察する場合には登校してから朝礼前の時間を選択する。また，子どものチャイム着席行動

42

を観察する場合には，授業5分前の時間帯を選択するなどである。

　行動見本法（事象見本法）は，特定の行動に注目してその行動の原因や過程を分析する方法である。例えば子どもの不適応行動が，どんな状況で起こるのかを知るために，不適応行動の起こり方，周囲の反応や様子，言動の内容，会話などを整理し，展開の過程と終結を観察する。

　これらの方法は，あいまいな記憶の印象によって子どもを語るのではなく，データとして事実を提示できるので，研究会などで子どもを客観的に捉えたアセスメント資料を提示したいときに役立つ。

● **参加観察法**

　教師自ら，子ども集団の中に入り込み，子どもの行動を記録する方法である。例えば，子どもの友達関係を把握するときに，昼休みに気になる男子グループの中に入りスポーツをする，休み時間に教室でおとなしい女子グループと一緒に遊ぶなどである。子どもの友達関係の情報をかかわりながら収集することができる。

〈観察法の長所と短所〉

　観察法は，日常生活における行動を観察するため，子どもの実態に近いアセスメントを行うことができる。また，学級集団のような閉鎖性や凝集性の高い集団の場合，その集団の成員になることによってのみ得られる情報を入手できる。短所は，教師の主観に左右されやすいことである。データ収集時には客観的なデータを収集しているようにも思われるが，実際は教師によって行動の評定結果が異なることが頻繁に起こる。どのような行動をどのように記録するか，これを明確にしないと信頼性の高い結果が得られない。さらに，子どもが観察されていることに気づくと，行動を操作したり抑制したりするため，日常の行動をそのまま観察することができない可能性もある。

(2) **面接法**

　面接法とは，教師が子どもと直接顔を合わせて会話することによって，情報を得ようとする方法である。面接法には，教師の要請で行われる子どもの理

解・心理・教育アセスメントのための面接と，子どもからの要請によって行われる治療的援助としての面接がある。

子どもの理解・心理・教育アセスメントのための面接の場合，子どもの問題と背景に関する情報を得ることを目的とする。問題の把握，問題発生の経緯，問題解決のためにいままでとってきた方法，子どもの性格特徴や家庭環境などを必要に応じて聞く。面接から得られた情報は観察法や調査法で得られた情報と統合し，援助が必要だと判断された場合は援助計画を立てる。

治療的援助としての面接の場合，子どもの考え，気持ちを共感的に傾聴する。忙しい時期であっても短時間でもよいからじっくり子どもの話に耳を傾ける。また，言葉で表現される事柄のみでなく，背景にある感情を理解するように聴く。さらに非言語的表現としての視線や表情，姿勢や服装などにも注意を向ける。心理的に健康な子どもにとっては，情報を提供したり，具体的なアドバイスを与えたりすることも必要になるため，個々の子どもの成長へのきっかけとなるようかかわっていくことが求められる。

学校での面接の特徴として，次のような形態になることが多い。

● 呼び出し面接

特定の子どもに対して緊急に指導や援助をする必要があると判断した場合，子どもを個別に呼び出し，対話を通して指導・援助を行っていく方法である。

● 訪問面接

主として，不登校などの子どもに対して，教師が子どもの家庭に訪問し，援助を行っていく面談のことである。教師と子どもとの信頼関係をつくり，個々の子どもへの対応を実態に合わせて行う際に用いられる。

● 定期相談

学期末などに担任教師が学級の子ども全員と行う面談のことである。子どもの学校・学級生活における適応を促し，意欲的に活動するためにどのような指導や援助が必要かをアセスメントしたり，集団全体ではできないような個別の支援を行ったりする際に用いられる。

第2節　子どもの理解の資料とその収集

●チャンス面接

　子どもの問題性を代表するような言動場面が見られたときに，機を逃さず話し合う場，子どもの考えや気持ちを傾聴する場を設けることである。起こした（問題）行動やその責任の取り方を子どもが学んでいくことと問題場面の解決をねらいとする。加えて問題行動・場面の背景にあるものを理解しながら子どもがよりよく成長していけるように支援する。

〈面接法の長所と短所〉

　面接法は，子どもから直接話を聞くので，言語的な情報から子どもの認識する世界を知ることができる。また，子どもの表情や話し方から非言語的な情報も得られるため，言語と非言語の矛盾に気づくことも可能になる。さらに学校現場では成人に対するカウンセリング場面と異なり，面接の場所や時間を自由に考え，機会を捉えて短時間であっても子どもと話ができる。一方で，信頼関係の形成がより重要である。自分のことをわかってくれる人だと子どもが捉えなければ，本音の気持ちや考えは話されず，面接自体の信頼性が失われることになるのである。

(3) 調査法

　調査法は，教師が子どもを心理教育的にアセスメントする際に，子どもの意見や態度を調べる意識調査として，自記式で回答させるものである。近年の子どもの変化を考えると，子どもの言動や態度だけではその内的世界を把握することは困難である。そこで観察法や面接法による理解の限界を補う資料として調査法を活用するのである。調査法には，質問紙調査（客観的事実や意見・態度を調べる意識調査）と，検査法（能力，性格，学力，障害などの個人の資質や特性に関する調査）がある。

●質問紙調査

　学校の教師が作成した調査（生活調査，悩み調査，進路希望調査）などは子どもの回答を事実として捉える質問紙調査である。一方，心理学の理論を背景

第3章　教育活動に活かす生徒指導

に子どもの意識や態度を測定するために専門家が作成した質問紙調査もある。具体的な内容は，①学級・学校の集団生活や活動に対する適応を把握するための尺度，②友達関係や対人感情を把握するための尺度，③学習意欲，動機づけに関する尺度，④進路に関する尺度，⑤健康に関する尺度，⑥自己やパーソナリティに関する尺度，などさまざまである。後者は，活用したいと考える心理尺度の妥当性（その検査が測定しようとするものをどの程度正確に測っているか）と，信頼性（検査による結果がどの程度正確か）が検討されている必要がある。測ろうとしているものさしである心理尺度そのものが歪んでいては，子どもを正確にアセスメントすることはできないからである。教師自作のアンケートはこの部分が弱いのである。

●検査法

　検査法とは，測定したい概念について，理論的に研究・調査され，統計的に信頼性と妥当性が確認され，利便性と有用性が備わった心理テスト（心理検査）のことである。例えば，知能検査，人格検査，学力検査，心理検査，などがある。このような心理テストは通常，多額の費用と長い時間をかけて吟味して作成され（この作業を「標準化」という），その過程や結果が手引書に詳細に記載されている。

　標準化された心理テストは，信頼性，妥当性に加え，実用性（検査を実施するにあたり，手続きや所要時間，採点や費用などにおいて現実性をもっているか）も検討されている。さらに平均値が算出され，平均値からどの程度離れると支援が必要なのかなどが明確にわかるように作成されている。その点で，質問紙調査とは精度が異なるのである。

〈調査法の長所と短所〉

　調査法では，内面を幅広く捉えられる一方，回答者が意識できていない部分など深いレベルでの理解には限界がある。また集計の仕方や分析の仕方を熟知しないで心理尺度をとっても使いこなせず，理解が十分になされない場合がある。よって，事前に心理尺度の解釈の仕方について十分把握する必要がある。

第3節　Q-Uを個人と集団理解に活かす

❷ 資料収集にあたっての留意点

⑴ 情報の取り扱い

　子どもの情報や資料を収集するにあたっては，事前に保護者から資料収集の同意を得ることが大切である。また資料収集の目的，個人情報保護への対応，情報共有の範囲などについても了承を得る必要がある。さらに近年では，子どもの発達促進のために，学内，家庭，地域，学校種間，関係諸機関との連携や情報共有するために活用することもある。小中連携，中高連携，医療機関や警察との情報共有などである。日常的な情報共有や相談体制などを整え，緊急の通報への対応体制も整えていく必要がある。

⑵ 計画的，多面的，継続的な資料収集と客観的な資料解釈

　観察法，面接法，調査法について述べたが，目的に応じて資料収集方法を選択し，できる限り客観的で多面的で正確な子どもの理解を進める努力が求められる。そのためには，一人の教師が自己流で行うのではなく，学校や学年単位の複数の教師で，また可能であれば専門家の協力を得て複数回資料を収集することも必要である。また各手法についての実施方法，結果の解釈など，最低限の学習および研修が求められる。それが資料活用の際の客観性や信頼性の向上と子どもの発達支援につながるのである。

第3節　Q-Uを個人と集団理解に活かす

❶ Q-Uで何がわかるのか

　前節で紹介した検査法について，さまざまな企業や団体によって多くの心理テストが開発されている。ここでは，その中でも教師が活用しやすく，学校現場で広く使用されているQ-Uについて紹介したい。

　『楽しい学校生活を送るためのアンケートQ-U（QUESTIONNAIRE-

UTILITIES）』（河村茂雄著，図書文化）は，子ども一人一人の「個人の内面」と，全体的な「学級集団の状態」の2つがひと目でわかる質問紙である。

具体的には，不登校になる可能性の高い子ども，いじめを受けている可能性の高い子ども，意欲的に学校や学級生活を送れていない子どもなど個別に早期発見できるとともに，集団の状態を把握し，学級が崩壊にいたる可能性なども推測することができるのである。

次項からそれぞれ詳しく説明していく。

❷ 個人の内面の把握

Q-Uの主な活用の一つは，学級生活への満足感が低い子どもを見いだすことである。理由や背景を探ることで，特別支援教育や個別支援を必要とする子どもの内面が把握でき問題の早期発見につながっていく。Q-Uに含まれる「いごこちのよいクラスにするためのアンケート（学級満足度尺度）」は，学級内の子どもを2軸の座標上にプロットしてとらえる。

2軸とは承認得点（自分の存在や行動がクラスメートや教師から承認されていると感じているか否かに関連）と被侵害得点（不適応感やいじめ・冷やかし被害の有無と関連）であり，それぞれの得点を算出した上で，学級生活満足群，非承認群，侵害行為認知群，学級生活不満足群の4つのタイプに分けて理解するものである（**図 3-1**）。

この尺度で分類された4つのタイプは，子どもたちの援助ニーズの目安とすることができる。各タイプは，援助レベルに関する情報を提供してくれる。不満足群の子どもが3次支援レベル（問題行動が表出しており，学級内で一人で自律して生活や活動ができない状態で，個別に特別の支援が求められるレベル）が想定され，非承認群と侵害行為認知群の子どもが2次支援レベル（問題行動は表出してはいないが，内面に問題を抱えていたり，不適応感も高まっていて，一斉指導や全体の活動の中で個別配慮が常に必要なレベル）が想定されるのである。

Q-Uの結果に日常観察による情報を加味することで，より的確に子どもを

第3節　Q-U を個人と集団理解に活かす

承認得点
（高）

〈侵害行為認知群〉

ここにプロットされた子どもは，学級
生活や学校での活動に自主的に取り組
んでいる反面，ほかの子どもとのトラ
ブルが起きている可能性があると考え
られる。強い被害者意識をもっている
子どももいる。

〈学級生活満足群〉

ここにプロットされた子どもは，不適
応感やトラブルが少なく，学級生活や
学校での活動に満足して，意欲的に活
動し生活していると考えられる。

被侵害得点
（高）　　　　　　　　　　　　　　　　　　　　　　（低）

〈学級生活不満足群〉

ここにプロットされた子どもは，いじ
めや悪ふざけを受けている可能性があ
り，不適応になっていることも考えら
れる。学級内に自分の居場所を見つけ
られず，不登校になる可能性も高いと
考えられる。

　要支援群……不満足群の中でも，
　特に不登校になる可能性やいじ
　め被害を受けている可能性が高
　い子どもで，早急に個別対応が
　必要である。

〈非承認群〉

ここにプロットされた子どもは，不適
応感やいじめ被害の可能性が低いかわ
りに，学級で認められることが少なく，
学級生活などのさまざまな活動場面で
自主的に取り組む意欲の低い子どもで
あると考えられる。

（低）

図 3-1　Q-U で見えてくる子どもの状態像の 4 タイプ

理解することができ，細やかな対応が可能となる。また，Q-U は子どものち
ょっとした内面の変化も敏感に捉えられるので，問題の早期発見のために継続
して調査することをおすすめしたい。

❸ 学級集団の状態の把握

　各学級の集団活動は，子ども一人一人の特性や人間関係から形成される学級
集団の状態を踏まえて展開される必要がある。子どもの個別理解だけでなく集
団理解のアセスメントにも活用できるのが Q-U の強みである。

　子どもたち全員の Q-U の分布状況をみると，現状の学級集団にルール（学
級の全員に理解・定着されていることが必要な集団活動・生活をする上で必要
な決まり）とリレーション（ふれあい・本音の感情交流）がどのように確立し

49

ているかを知ることができ，学級集団の状態を理解することができる。
　以下，タイプごとに紹介する。

(1) 親和的なまとまりのある学級集団（親和型）
ルールとリレーションが同時に確立している状態
　学級にルールが内在化しており，その中で子どもたちは生き生きと活動している。子ども同士のかかわり合いや発言が積極的になされている。

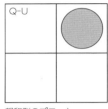

親和型のプロット

(2) かたさの見られる学級集団（かたさ型）
リレーションの確立がやや低い状態
　一見，静かで落ち着いている学級に見えるが，子どもたちの意欲の個人差が大きく，人間関係が希薄である。シラッとしたような活気のない雰囲気が特徴的である。

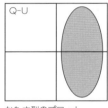

かたさ型のプロット

(3) ゆるみの見られる学級集団（ゆるみ型）
ルールの確立がやや低い状態
　一見，子どもたちが元気にのびのびとしている雰囲気に見えるが，学級のルールが低下している。授業中の私語や子ども同士の小さなトラブルが起こる。

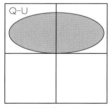

ゆるみ型のプロット

(4) 不安定な要素をもった／荒れの見られる学級集団（不安定型）
ルールとリレーションの確立がともに低い状態
　「かたさの見られる学級集団」「ゆるみの見られる学級集団」の状態から崩れ，それぞれのプラス面が徐々に喪失し，マイナス面が表れてくる。子どもの間で傷つけ合う行動が目立ち，問題行動が頻発し始める。

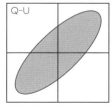

不安定型のプロット

(5) 教育環境の低下した学級集団（崩壊型）
ルールとリレーションが喪失した崩壊状態

　授業が成立しなくなり，私語や逸脱行動が頻発する。子どもは，自分たちの学級に対して肯定的になれず，不安を軽減するために，同調的に結束したりほかの子どもを攻撃したりしている。

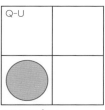

崩壊型のプロット

(6) 拡散した学級集団（拡散型）
ルールとリレーションの確立が共に低い状態

　教師から，ルールを確立するための一貫した指導がなされていないため，子どもの小グループ内で，それぞれの行動様式が定着している。学級への帰属意識が低く，教師の指示が徐々に通りにくくなっていく。

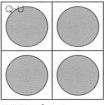

拡散型のプロット

第4節　生徒指導に役立つスキル

❶ 現代の子どもの発達を促進する必要性

　文部科学省は，生徒指導提要の中で近年の子どもは集団から孤立することを恐れ，不満を内に秘めたまま，表面的に他者に合わせる傾向が強くなっていることを指摘している。また，特定のキャラクターを無意識に演じている可能性が高く，友達同士であまり本音を話さないなど，心理的距離の遠さを特徴としていることも指摘されている（石本，2016）。

　このような現状は子どもの学級適応を損なうだけでなく，心理社会的発達にもマイナスの影響を与える。

　そこで，子どもが相互に本音で語り合えるようなコミュニケーションを促す手法として，グループアプローチが活用されている。グループアプローチとは，

集団を対象にした支援のことで，個人の心理的治療・教育・成長，個人間のコミュニケーションと対人関係の発展と改善，および組織の開発と変革などを目的として，小集団の機能・過程・ダイナミックス・特性を用いる各種技法の総称である（野島，1999）。

現在，学校現場で最も活用されているグループアプローチとして，「構成的グループエンカウンター」が挙げられる。

❷ 構成的グループエンカウンター（SGE）

人は自己開示することで真の自分の問題に気づき，自己受容できるようになる。そして新たな生き方を自己選択していく中で，自主性や自己肯定感が高まっていく。エンカウンター（出会い）は，グループのメンバーが「あるがままの自己」を開示できることを目的にする。メンバー同士やメンバーとリーダー間のリレーションを形成し，生徒指導の基盤である学級集団育成に活用できるのである。

グループ状況でのエンカウンターが「構成」されているのが，構成的グループエンカウンター（Structured Group Encounter：以下，SGE と表記）である。構成とはエクササイズを使用したり，そのためのグループ・サイズや時間を指定したりするなど場面設定（条件設定）を行うことである。リーダーが構成して，一定のエクササイズを中心に進めていくものである。

SGE は，ふれあいと自他発見（自他の固有性・独自性・かけがえのなさの発見）を目標とし，個人の行動変容を目的としている（國分，1981，1992）。

SGE の展開は，主に次の 4 段階で実施される。

(1) **インストラクション**

エクササイズのねらいや内容，留意点や取り組む方法を，リーダーが簡潔かつ具体的に説明する。

(2) **ウォーミングアップ**

その後に続くエクササイズの意味付けやレディネス（ある行動の習得に必要

な条件が用意されている状態）を整えることであり，メンバーの緊張緩和もねらいの一つである。

⑶ エクササイズ

　メンバーの心理面の発達を促進する，リレーション形成の向上を意図してつくられた課題のことである。エクササイズに取り組むことで自己開示が誘発され，他のメンバーとのリレーション形成につながっていく。いわばエクササイズは自己開示とリレーション形成の触媒の働きをする。エクササイズの種類は「自己理解」「他者理解」「自己受容」「自己表現・自己主張」「感受性の促進」「信頼体験」の6つを目標とするものがある。

⑷ シェアリング

　直前の集団体験を通して得た感情や思いを他者とわかち合うことを通して，自分の中で意識化して確認することである。

　構成的グループエンカウンターは，日本の学校現場で教育関係者の注目を集め，応用され取り組まれている。主に学級集団を単位とし，特別活動や授業という教育活動の一コマの中で教室・体育館などで実施されている。エクササイズは子どもの学齢，カリキュラムの内容に応じて，多様なものが開発・実施されている（國分，1981，1992）。定型化されたエクササイズや展開の仕方があるため，グループアプローチに熟知していない教師にも活用しやすくなっている。

　構成的グループエンカウンターに定期的に取り組むことで，メンバー同士に受容的・共感的・援助的な関係をはぐくむことができ，子どもと教師間のリレーションが形成され，生徒指導の基盤となる学級集団育成につながっていくのである。

❸ ソーシャルスキル・トレーニング

　前述した「本音を話さない」「友達同士の心理的距離が遠い」などの問題と関連することだが，現代は対人関係を苦手としている子どもが多いといわれている。ただ，対人関係がうまくいかないのは，その人自身がだめなのではなく，

かかわる技術が未熟なのである。

　人とかかわり，社会や集団の中で協同して活動するための知識と技術を総称して，ソーシャルスキル（social skills）という。ソーシャルスキルは学習によって獲得されるものであり，現代の子どもはその学習が不足している。したがって，開発的カウンセリング・1次的援助として，計画的にソーシャルスキル・トレーニングを行うことが期待される。

　ソーシャルスキル・トレーニングは，次の(1)〜(4)のプロセスで展開していく。

(1) 教示

　学習すべきソーシャルスキルを特定した上で，ソーシャルスキルとそれを訓練する意義を理解させる。強制的にではなく，子どもが納得できるように，やってみたくなるように説明することが大切である。

(2) モデリング

　よいモデルや悪いモデルを見せて，ソーシャルスキルの意味や具体的な展開の仕方を理解させる。よいモデルになる子どもの行動を意識させ，まねさせてみることが，第一歩になる。

(3) ロールプレイ

　特定のソーシャルスキルについて仮想場面を設定し，言い方や態度を練習させる。主体的にできることが目的なので，楽しく活動できるよう展開する。人とのかかわりや集団活動に楽しさや喜びが感じられないようでは，「次は自分からやってみよう」という内発的な動機は喚起されない。

(4) 強化

　練習中に適切な行動ができた場合など，ほめたり，微笑んだり，注目したりして，その行動をとる意欲を高める。人間はプラスの評価を得るとその行動を継続するものである。ポイントは，やみくもにほめるのではなく，今回取り上げたソーシャルスキルについて，どのようによかったのかがわかるよう具体的にほめる，認めることである。

❹ 学級生活で必要とされるソーシャルスキル（CSS）

　河村ら（2007abc，2008）は，「親和的で建設的にまとまった学級で子ども
が活用しているソーシャルスキル」と「学校・学級生活を満足度が高く意欲的
に送っている子どもが活用しているソーシャルスキル」の共通点を整理し，
「学級生活で必要なソーシャルスキル（Classroom Social Skills：以下，CSS と
表記）」として体系化した。子ども一人一人に CSS を身につけさせることが，
子ども同士の対人関係，学級集団をスムーズに形成し，集団活動を活発に展開
する早道となる。

　CSS は下記 2 つの領域のソーシャルスキルから成り立っている。

⑴ 配慮のスキル

　「失敗したときに，ごめんなさいと言う」「友達が話しているときは，その話
を最後まで聞く」など，対人関係における相手への気づかいや最低限のマナー，
トラブルが起きたときにセルフコントロールしたり自省したりする姿勢などが
含まれたソーシャルスキルである。最初は意識して学習することが求められる
が，徐々に習慣的にできるようになっていることが理想である。

⑵ かかわりのスキル

　「みんなと同じくらい話をする」「係の仕事は最後までやりとげる」など，人
とかかわるきっかけづくり，対人関係の維持，感情交流の形成，集団活動にか
かわる姿勢など，自主的な行動が含まれたソーシャルスキルである。

　学校・学級生活を満足度が高く意欲的に送っている子どもは，2 つのスキル
を高いレベルで，バランスよく活用している。逆に，対人関係をうまく築けな
い子ども，荒れた雰囲気や暗い雰囲気のある学級では，2 つのスキルの活用レ
ベルが低いか，バランスが悪くなっているのである。

　このように，子どもに人間関係を形成するための意義や基本的な知識，技法
を身につけさせることが，開発的カウンセリング・1 次的援助としての生徒指
導なのである。

column 1

生徒指導実践例：小学校

１．小学校で求められる生徒指導

　2017年改訂の学習指導要領では小学校における生徒指導は「児童が，自己の存在感を実感しながら，よりよい人間関係を形成し，有意義で充実した学校生活を送る中で，現在及び将来における自己実現を図っていくことができるよう，児童理解を深め，学習指導と関連付けながら」行われることがめざされる。

　小学校では，学級担任制であることを踏まえ，日々の授業を通して子ども一人一人の理解を深めて生徒指導を推進することが重要である。

２．これからの学級づくりに求められる生徒指導の意識のあり方

　授業を通した生徒指導を充実させるために，次の事例の場合ではどのように対応できるだろうか。

> 　昨年度クラス替えされた某小学校の５年２組。学級の雰囲気はそれほど悪く感じられないが，休み時間は２〜４人程度の固定した仲間グループで遊んでいる。
>
> 　５月に入り，学級のメンバーにも慣れてきたころ，特に算数の授業で騒がしくなるようになってしまった。中心となって騒いでいるＡは男子グループの中心メンバーであり，これまでは授業中，特に目立つことはなかった。Ａは算数の時間になると近くの席の子どもにちょっかいを出したり，大きな声で授業に関係ないことを話し出したりする。Ａと一緒に騒ぐ子どももおり，担任は授業中その対応に追われてしまう。最近ではクラス全体にメリハリがなくなってきているように感じられ，休み時間と授業時間の切り替えに苦労している。

⑴ 考えられる要因……Ａの学習不適応。また，学級内の規範意識の低さ

　このケースでは，Ａは４年次までは問題行動を起こすことなく授業に参加で

きていたことがわかる。5年次になって学習への遅れが顕著に表れ、その様子を周囲の子どもに悟られないためにカモフラージュとして授業中ふざける、という行動をとっている可能性が考えられる。

また、Aと一緒にふざけてしまう子どもがおり、始業時間が守られなくなってしまうことは、学級の子どもの規範意識の低さが原因と考えられるだろう。

⑵ 指導のポイント

Aへの個別学習支援と、学級ルールの再確認・授業を通しての積極的な側面における生徒指導への取組み。

⑶ 具体的な取組み

①Aへの個別学習指導の実施……Aが学習のどの時点で困り感を抱いているか明らかにし、つまずきを解消できるよう個別対応する。その際ほかの子どもと比べて目立たないような時間・空間設定を心がけたい。また、Aの意欲を高めるために見通しのもてる計画を一緒に立てるとよいだろう。問題行動に対しての適切な指導も並行して行う。

②学級ルールの再確認……安心して学習に臨める学級集団をつくる。Aの問題行動の背景には、学習の遅れをほかの子どもに悟られることへの不安があった。5年2組は小グループが集まっている状態であり、子どもにとって安心できる居場所にはなりにくい。まずは学校生活のルールと、ルールの必要性を改めて共有することで、落ち着いて授業を受けられる集団づくりをめざす。ルールには「人の発言にはきちんと耳を傾ける」や「反対意見を述べる際は、『私は〜と思います』のように、伝え方を工夫する」などが考えられる。

③積極的な側面での生徒指導……「主体的・対話的で深い学び」を促進する授業づくりを促進する。積極的な側面での生徒指導として、授業づくりを工夫したい。2017年改訂の学習指導要領にもあるように、今後は「主体的・対話的で深い学び」が求められる。今回の事例の場合も、学級集団の状態を向上させて問題を解決した上で、授業を通して主体的な学習態度をはぐくむこと、共に学び合う喜び・学ぶことの意義を理解させることまでを目標にしたい。

column

2

生徒指導実践例：中学校

１．中学校で求められる生徒指導

　小学校で存在していたクラブ活動がなくなり，教育課程外で新たに部活動が行われることが，中学校の特徴の一つである。

　生徒指導は教育活動全体で行われる必要があり，部活動も例外ではない。部活動と生徒指導との関連は中学校教師の意識にもみられ，「部活動指導者として把握・習得しておきたい知識」として，「いじめ対応や生徒指導に関する知識」が挙げられている（スポーツ庁，2018）。

　本コラムでは，部活動における生徒指導について，これまで実施されてきた内容と，今後求められるあり方について述べていく。

２．部活動におけるこれまでの生徒指導の実際

　部活動と生徒指導との関連が特に求められたのは，校内暴力が問題となった1970年代半ばから1980年代にかけてである。「問題行動を抑止する」というリアクティブな側面での生徒指導として，部活動との関連が図られていた。

　1980年代半ばに差しかかり，問題行動が減少し始めると部活動での体罰の問題が表出した。教師は問題行動抑止や技術向上のために体罰に及んでいるとの声もあるが，体罰は生徒指導ではない。むしろ，教師の体罰により子どもに力による解決への志向を助長させ，いじめや暴力行為などの連鎖を生む恐れがある（文部科学省，2013）。

３．これからの部活動に求められる生徒指導の意識のあり方

　部活動に限らず，「自己指導能力の育成」をめざした積極的な側面での生徒指導が求められている。自己指導能力は「自己をありのままに認め（自己受容），

58

自己に対する洞察を深めること（自己理解），これらを基盤に自らの追求しつつある目標を確立し，また明確化していくこと。そしてこの目標の達成のため，自発的・自律的に自らの行動を決断し，実行する能力」と定義されている（文部省，1988）。この力を身につけさせるためのポイントとして自己存在感を与える・自己決定の場を与える・共感的な人間関係を育てるの3点が挙げられる。部活動は子どもが自主的に選択し参加するという特性から，積極的な側面での生徒指導が望める場であるという視点で指導を行うことが求められる。

　上記を踏まえ，事例をもとに，部活動指導のポイントを解説する。

4．公立中学校の運動部における事例

①状況
・部としてはまとまりが見られるが，顧問の指示を受けてから活動することが多く，練習への参加も受け身になりがちである。

②考えられる原因
・部員の固定された役割がなく，部内での存在感を感じづらい。
・教師の指導行動が統制的になっており，子どもの主体性がそがれている。
・部の目的や目標が明確でなく，個人の目的・目標の設定もされていない。

③指導のポイント
・教師もしくは子どもたちで部に必要とされる役割を設定し，子ども一人一人が役割を通して自己存在感や責任感をもてるよう配慮する。
・教師が練習の効果や留意点を説明することで子どもに現状の判断を促し，練習メニューの選択や計画をさせるなど，主体的な活動となるようにする。
・子ども自ら部や個人としての目標を決め，部員間で共有できるよう促す。
・子どもの取組みに対して結果だけでなく，内容や過程について評価を行う。その際，人格や才能を評価の対象としない（学習性無力感となる危険性があるため）。

　このように，教師は部活動においても，子どもが自己指導能力を身につけることを意識し，消極的な側面のみの生徒指導ではなく，部活動の特性を活かした積極的な側面での生徒指導を行うことが求められる。

column 3 生徒指導実践例：高等学校

1．高等学校の生徒会活動と生徒指導

　高等学校の生徒会活動は，特別活動の領域に位置づけられる。生徒指導との関係は，生徒指導提要によると次のように整理される。

> ①異年齢集団活動を通して，望ましい人間関係を学ぶ教育活動である。
> ②より大きな集団の一員として，役割を分担し合って協力し合う態度を学ぶ。
> ③自発的，自治的な実践活動を通して，自主的な態度のあり方を学ぶ。

　充実した生徒会活動を行うために，生徒の自主性や自治性，リーダーシップを育成することが重要となる。次節から具体的な事例をもとに見ていく。

2．これからの生徒会活動で求められる生徒指導の実際

> 　A高等学校は，さまざまな教育的ニーズをもつ生徒が入学する「教育困難校」と呼ばれる学校である。文化祭について教職員から以下の問題が指摘された。
> 問題① 生徒会役員のまとまりが弱く，全校を巻き込む盛り上がりに欠ける。
> 問題② 自分の楽しみを優先する生徒がおりルールを巡り生徒同士対立している。
> 問題③ 係活動をサボる生徒がおり文化祭準備が一部の生徒だけで行われている。
>
> ●**問題①の考えられる要因**：生徒の人間関係形成力が弱く，リーダーシップのとり方も理解されていない。
> ●**問題①の指導のポイント**：生徒会役員が良好な人間関係を築き，集団の一員としての望ましい態度を学べる場面を設定する。その上でリーダーシップや自主性を高める支援を行う。
> ●**問題①の具体的な取組み**：他者に批判的・否定的言動をしないことをルールとして徹底した。教師がリーダーシップを発揮することで生徒にモデリングさせ，徐々にリーダーシップを委譲していく支援を行った。宿泊リーダー研修会で下記の取組みを行った。

- ディスカッション：自分たちで文化祭をつくり上げる意欲を高めることを目的とする集団討議を行った。「地域の方々に大勢来てもらえる文化祭にしたい」という目標が定められたために，文化祭を自分たちでつくり上げるという意識が高まった。
- 構成的グループエンカウンター：本音で交流できる集団づくりを目的としたエクササイズで，生徒会役員が受容的・共感的・援助的な関係で協力できる集団育成を図った。
- レクリエーション：夕飯は野外でバーベキュー，2日目の昼食はグループごとに調理した料理を並べるビュッフェ形式で，みんなで食事をすることで連帯意識が高まった。

- ●問題②の要因：文化祭は自分たちで楽しむ面と，来校した方々に見てもらう面があることが理解されていない。また，教師主導で文化祭のルール決めがなされたため反発が生じている。
- ●問題②の指導のポイント：文化祭の目的，ルールの必要性を理解させ，主体的にルールをつくれるよう指導する。
- ●問題②の具体的な取組み：教師から文化祭準備や当日のルールを問題提起し，生徒会役員で話し合ってルールを決めた。全校集会で文化祭の趣旨と意義を説明し，全校にルール遵守をお願いした。

- ●問題③の要因：委員の役割が明確化されていないため，無責任な行動が許されてしまっている。
- ●問題③の指導のポイント：各委員の役割・活動内容を明確化し責任感と達成感が得られるよう指導の工夫を行う。
- ●問題③の具体的な取組み：委員長は生徒会顧問と共に各委員の役割を割り振った。学年を超えたグループを活動単位とし，3年生が責任者となりリーダーシップを発揮できるよう支援した。

　生徒会活動では生徒会役員のリーダーシップ発揮が指導のポイントとなる。リーダーの自主性を伸ばしながら，生徒同士の相互作用を増幅させ周囲を巻き込み，徐々に全校生徒を動かす大きなうねりをつくり上げることが望まれる。

第4章

生徒指導体制と組織的な取組み

　生徒指導は，複数の教職員と専門スタッフで連携して取り組むことにより，はじめて効果的な対応に結びつく。本章では，学校における生徒指導体制の方法と留意点についてまとめる。

第1節　チーム学校としての組織

❶ チーム学校とは

　中央教育審議会（2015）「チームとしての学校の在り方と今後の改善方策について（答申）」によると，⑴新しい時代に求められる資質・能力を育む教育課程を実現するための体制整備，⑵児童生徒の抱える複雑化・多様化した問題や課題を解決するための体制整備，⑶子供と向き合う時間の確保等（業務の適正化）のための体制整備が求められるとして，学校組織のあり方に「チーム学校」という概念が提唱された。

　チーム学校とは，「校長のリーダーシップの下，カリキュラム，日々の教育

第1節　チーム学校としての組織

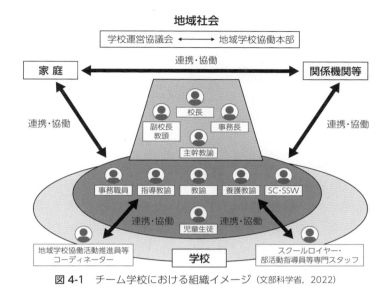

図4-1　チーム学校における組織イメージ（文部科学省，2022）

活動，学校の資源が一体的にマネジメントされ，教職員や学校内の多様な人材が，それぞれの専門性を生かして能力を発揮し，子供たちに必要な資質・能力を確実に身につけさせることができる学校」と定義される（図4-1）。生徒指導提要（文部科学省，2022）によると，このような「チーム学校」を実現するためには，次の4つの視点が重要となる。

(1) **教員がそれぞれの専門性を基盤としてもちつつ，心理や福祉等の専門スタッフを学校の教育活動の中に位置付け，教員と専門スタッフとの連携・協働の体制を充実させること**

学校では教員のみならず，スクールカウンセラー（SC），スクールソーシャルワーカー（SSW），コーディネーターなど多様な職種の人々が働いており，多職種の専門家や地域の人々が連携・協働して教育活動を展開することが求められている。知識や経験，価値観や仕事の文化の違う者同士の関係性の構築はそう簡単にできることではないため，互いの考え方や感じ方を共有するといっ

た，他者の視点に立った共感的理解が必要不可欠となってくる。

⑵ 校長のリーダーシップが必要であり，学校のマネジメント機能をこれまで以上に強化していくこと

　校長のリーダーシップ発揮というのは，トップダウンのピラミッド型組織をつくることではない。学校組織における情報の収集と伝達を円滑に進めるためのネットワークづくりが目的であるため，校長の権限を適切に分担する体制や，校長の判断を補佐するような体制づくりが必要となる。例えば，コーディネーターの役割をするようなミドルリーダーを起用することで，管理職もチームとして取り組むことが可能となる。一方で，1人の生徒指導主事担当に頼りきるようなケース，人数配置が極端にアンバランスなケース，ほかの役割との連携部分が明確になっていないケースには注意したい（嶋﨑，2008）。最終的には，「生徒指導は全教職員で行うもの」といった視点が明確となっていることが重要である。

⑶ 教職員がそれぞれの力を発揮し，伸ばしていくことができるようにするために，人材育成の充実や業務改善の取組みを進めること

　生徒指導体制を充実させるためには，教職員同士が生徒指導の方針を共有し，指導を着実かつ的確に遂行することが求められている。その基盤となるのは，継続した研修等による生徒指導の力量形成である。校内研修や校外研修を通して，教職員同士が継続的な振り返りとともに，学び合う風土が自然と根付いていくことで，学校が「学習する組織」へと変容していくことが求められる。

⑷ 教職員間に「同僚性」を形成すること

　生徒指導では，未経験の課題性の高い対応を迫られることがある。自分の不安や困り感を同僚に開示できず，「助けて」と言えない状況が常態化すると，バーンアウト（燃え尽き症候群）のリスクが高まるといわれている。教職員同士で気軽に相談ができるような受容的・指示的・相互扶助的な人間関係を日常的に構築することで，生徒指導上の課題を一人で抱え込むような状況をつくらない工夫が必要となる。

❷「チーム学校」としての学校危機への介入

　学校安全は学校安全計画に基づき，安全教育，安全管理，組織活動の側面から，生活安全，交通安全，災害安全の3領域に実践課題を設定し，すべての教職員の取組みにより実現される教育活動である（図4-2）。このような活動を通して，教職員は児童生徒の安全と安心の環境を日頃から管理・維持している。

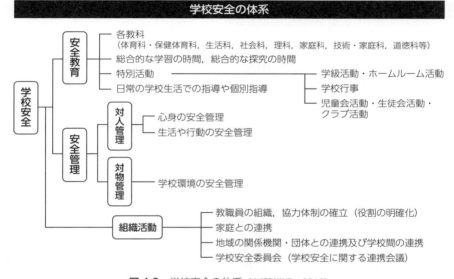

図 4-2　学校安全の体系（文部科学省，2019）

　しかしながら，たとえ万全な予防的取組みを行っていたとしても，ときに事件や事故・災害が起きるケースが予想される。このように，事件・事故や災害により，通常の課題解決方法では解決することが困難で，学校の運営機能に支障をきたす事態のことを，学校危機という。

　学校危機への対応について，教員には安全配慮義務があり，(1)事態をあらかじめ予見できたかどうか（予見可能性），(2)事態の発生を回避できたかどうか（回避可能性），の2点が争点となりやすい。このような場合，学校組織におい

ては，日頃から「リスクマネジメント」と「クライシスマネジメント」を念頭に置くことが重要と考えられている（文部科学省，2022）。

⑴ リスクマネジメント

事件・事故の発生を未然に防止し，災害の影響を回避，緩和するための取組みのことである。例えば，定期的に学校の施設や設備を点検する，学校生活のルールやきまりの遵守の徹底をする，児童生徒が自ら危険を察知したり，被害に遭わないよう判断したりする力を育成するための予防的な指導を行ったりすることである。危機管理マニュアルの整備や，危機対応の実践的研修，児童生徒へのソーシャルスキル教育，ストレスマネジメント教育等が，学校危機のリスクを低減するための具体的な取組みといえる。

⑵ クライシスマネジメント

事件・事故が発生したり，災害の影響が及んだりした場合に，学校運営と心のケアに関する迅速かつ適切な対応を行うことにより，被害を最小限にとどめる取組みのことである。例えば，事件・事故・災害発生直後の初期対応や早期介入として，負傷者が出た場合の応急処置や救命救急処置，救急車の要請などの対応を，日頃からの訓練を通して全教職員が行えるようにすること，中・長期的な対応として，心のケアの進め方に関してＳＣやＳＳＷと協議し，アセスメントに基づく対応を進めること，再発防止として，同様の被害を繰り返さないための取組みを具体的に示し，全教職員がそれを実践すること，事件・事故・災害の教訓を生かし，安全管理の見直しと徹底，安全教育の教科，危機管理体制の見直しといっそうの整備を進めること等が，学校危機のリスクを低減するための具体的な取組みといえる。

瀧野（2006）は，最近の災害や事件・事故への危機対応の実践は，これまでよりも準備や体制が整う方向にあり，質的にも量的にも高度な介入プログラムがつくられてきているとし，その一方で，課題も残されていると述べている。

例えば，事件直後に外部の支援者と学校の教職員との連携がスムーズではなかったケースが存在した。このような場合，カウンセラーと教職員間でどのよ

うに情報共有するかについては，学校外部と内部を仲介するコーディネーター的な役割が必要であること，学校側でも危機対応を想定した外部との連携や活用について予行練習をしておき，短期間で効果的な連携がとれる仕組みをつくっておく必要があること，等が想定された。

さらに，事件・事故時の対応の準備はあっても，事件・事故後の継続的な（中・長期的な）危機対応についての準備はほとんどされていない，といった課題が挙げられた。このような場合，SC に対しては，事件・事故直後の心理面の緊急支援にとどまらず，学校を再開し，授業を進め，行事を運営していくためにも，学校コンサルテーションとしての役割を担ってもらう必要がある。また平常時よりすべての教職員において，役割分担を含めたチーム危機対応の重要性について共通認識を図り，シミュレーション実習をしておく必要があること，等が想定された。

このように，チーム学校としての学校組織の真価は，緊急時にこそ試されるものと考えられる。学校として，事件・事故や災害への対応を想定した危機管理体制と組織活動，外部の関係機関との連携を，平常時から築いておくことが求められる。

第2節　年間指導計画に基づいた組織的な取組み

❶ 生徒指導体制の構築

児童生徒の生徒指導上の目的および課題に対して効果的かつ円滑に対応するためには，校内の生徒指導方針が共有され，教職員が組織的，持続的に対応することのできる体制を構築することが重要である。

鈴木（2022）は，小学校における教職員の「孤立化」を防ぐ観点から，次のような生徒指導体制のあり方（**図4-3**，P68）を提案している。事案が生じた場合，学級担任は学年主任に報告し，学年主任と共に児童の指導に対して方策

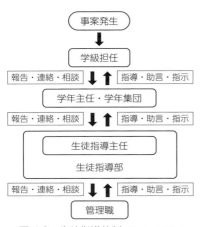

図 4-3　生徒指導体制（鈴木，2022）

を練り，学年として指導にあたる。その一連の情報を生徒指導主事ないし生徒指導部に共有し，管理職につなぐ体制である。こうした生徒指導体制によって，報告・連絡・相談の流れを円滑にし，問題を個に還元しないシステムを構築する考え方である。中学校においては，学年が中心となって生徒指導に取り組むことが一般的であるが，学年単位での「孤立化」を防ぐためにも，学校全体および管理職との連携体制を構築することが求められる。また，以上のような生徒指導体制を構築するためには，校長や生徒指導主事の役割が重要となる。

(1) 校長の役割

　文部科学省（2016）「次世代の学校指導体制の在り方について（最終まとめ）」では，次世代の学校を実現するための指導体制強化における基本的な考え方として，「校長のリーダーシップの下，学校のマネジメント機能を強化し，組織として教育活動に取り組む体制を創り上げるとともに，必要な指導体制を整備することが必要である」と示されている。つまり，生徒指導体制を強化するためには，校長の適切なリーダーシップの発揮が求められるのである。西山・淵上・迫田（2009）の研究では，校長が，教職員に対して，ビジョンを明確に伝えたり，的確な指導・助言をしたりすることによって（変革的リーダーシップ），校内システムの構築が促されることを明らかにしている。また，教職員が校長の公平性や，校長からの信頼を認知することによって（配慮的リーダーシップ），組織体制を支える協働的な風土が醸成されることを明らかにしている。このように，生徒指導体制の構築には，校長の適切なリーダーシップの重要性が指摘されている。

(2) 生徒指導主事の役割

学校教育法施行規則第70条第1項では,「中学校には,生徒指導主事を置くものとする（高校,特別支援学校にも準用）」こと,第4項には,「生徒指導主事は,校長の監督を受け,生徒指導に関する事項をつかさどり,当該事項について連絡調整及び指導,助言に当たる」ことが記されている。また,小学校については,学校教育法施行規則第47条の規定を踏まえ,生徒指導部,生徒指導主任等が置かれている。生徒指導主事は,生徒指導組織の中心であり,学校における生徒指導を組織的・計画的に運営していく責任をもつことや,教科指導全般や特別活動において,生徒指導の視点を生かしたカリキュラム開発を進めていく役割が求められている。また,それらを推進するために,校務の連絡・調整を図ったり,関係する教職員に対して指導・助言を行ったりすることが求められている（文部科学省,2022）。

生徒指導体制の構築には,生徒指導主事の適切なコーディネートが求められる。瀬戸・石隈（2003）は,中学校における生徒指導主事のコーディネーション行動には,①生徒の問題をチームで援助するときに中心となって役割分担を行う「説明・調整」,②保護者や学級担任の不安や考えなどを理解したり判断したりする「保護者・担任連携」,③情報の収集や実態の把握,具体的対応の判断を行う「アセスメント・判断」,④他機関との連携や協働を推進する「専門家連携」の4つのコーディネーション行動に注目した研究を行っている。

そして,生徒指導主事担当者が自らの役割に対して,権限や裁量を認知することで,コーディネーション行動が促されることを明らかにしている。生徒指導体制の構築は,生徒指導主事の専門性と自律性の向上がカギとなっているのである。

生徒指導主事に求められるコーディネーション行動の中でも,正確な「情報の収集や実態の把握」は,具体的対策を検討する上で非常に重要である。特に学校の実態や児童生徒の心理の的確な把握には,信頼性や妥当性が確認されている心理尺度を用いることが有効である。適切な実態把握をするためには,ほとんどの児童生徒が高得点をつける傾向にあるアンケート（例えば4段階のアンケートで80%以上が4と回答する）等はふさわしいものとはいえないから

第 4 章　生徒指導体制と組織的な取組み

である。一方，学級満足度尺度や学校生活意欲尺度（河村，1999）は，Q-U
として市販されている標準化された心理尺度であり，児童生徒の実態把握のみ
ならず学級，学年，学校の実態を把握する上でも活用されている信頼性と妥当
性が確認されている尺度である。その他にもさまざまな心理尺度が開発されて
おり，学校のニーズに応じた心理尺度を活用することが求められる。例えば以
下のような心理尺度が開発されている（**表4-1**）。

表4-1　児童生徒の心理を把握する尺度の例

尺度名	把握可能な内容	作成者・作成年・雑誌名
自律的学習動機尺度	生徒の学習動機づけを，「内的調整」「同一化的調整」「取り入れ的調整」「外的調整」の4側面から把握	西村多久磨・河村茂雄・櫻井茂男（2011年）教育心理学研究
児童用自己開示尺度	児童の自己開示の認知について，「体験開示」と「感傷開示」の2側面から把握	岡田　弘（2010年）教育カウンセリング研究
小学生用 Ego-Resiliency 尺度（ER89-K）	ストレッサーに対して，柔軟に対応したり調整したりできる能力を把握	藤原寿幸・河村昭博・河村茂雄ら（2021年）学級経営心理学研究
内的外的適応尺度	学級集団への適応における内的外的要因を，「察知力」「同調性」「本来感」の3側面から把握	井口武俊・河村茂雄（2024年）学級経営心理学研究
児童用幸福感尺度	児童の幸福度を，「快活・反復の幸福」「充足・保育の幸福」「道徳・心得の幸福」の3側面から把握	小嶋佑介・中坪太久郎（2024年）心理学研究

　生徒指導体制を実働的なものにするためには，実態把握は欠かせない。実態
把握は教育実践を進めていく上での現在地の確認である。現在地がわからなけ
れば目的地に辿り着くことはむずかしいが，現在地がわかれば目的地までの手
段を検討することが可能になるのである。

❷ 生徒指導のための教職員研修

⑴ 校内における研修

　校内における研修は，全教職員が参加する研修と特定の教職員が参加する研
修がある。全教職員が参加する研修では，学校として大切にしたい教育理念や

生徒指導の指針について共通理解を図るために行われ，学校教育目標の達成に向けて実施される。特定の教職員が参加する研修では，若手教師の指導力の向上のための研修や校務分掌担当者の集まりによる研修等，各教職員のニーズに合わせて実施される。ここでは，全教職員によって，児童生徒の実態把握をもとに具体的な対応方針の計画を立てる手法である，K-13法（河村，2000）を挙げる。

K-13法の構成は，インシデント・プロセス法，ブレーンストーミング法，KJ法の一部を活用した，メンバー全員参加による，集団思考・体験学習型の事例研究法である。全部で13の内容に取り組みながら，学級集団の理解と対応を検討するものである。約60分で実施可能である。

---

(1) 事例提供者は，学級集団の事例の一部（インシデント）を発表する

①学級のリーダーを説明する。

②配慮を要する児童生徒を説明する。

　同時に，プロットされている位置が予想外の児童生徒がいたら説明する。

③児童生徒たちの主なグループを説明する（グループの特徴，リーダー）。

④学級の問題と思われる内容を発表する。

(2) 参加者は事例提供者に質問し，事例に関する情報を得て，問題の全体像を理解する

⑤参加者は事例提供者に疑問点・確認したい点を質問する。

○司会が促して必ず説明してもらう内容

・学級経営方針（学級目標レベル）　・日々の授業の進め方の概略

・4群ごとの児童生徒と担任教師とのかかわり

(3) アセスメント

⑥参加者（事例提供者も含めて）が考えられる問題のアセスメントを，できるだけ多く発表する（紙に書いてもよい）。

⑦全員で似た内容のもの同士を集めて，整理する。

⑧重要だと思う順番に並べ，そう考えた理由を発表する。

そして，全員で協議して，一応の統一見解をつくる。

⑷ 対応策の検討

⑨⑧の解決方法をできるだけ多く発表する（抽象論ではなく，具体的な行動レベルで）※特別な能力がなくても，だれでも物理的に取り組める内容にする。

⑩⑦と同じように整理する。

⑪⑧と同様に順番をつけ，統一の対応策をつくる。

目的地を明確にし，2週間後，1か月後のサブゴールも明確にする。

⑫事例提供者の不安な点，懸念される問題について，対応策を確認する。

⑸ 結論と決意の表明

⑬事例提供者が取り組む問題と，具体的な対策をみんなの前で発表する。

全員の拍手をもって終了する。

上記のように具体的な研修の枠組みが示されているものの，枠組みだけでは校内研修が活性化することはむずかしい。学校教育目標の達成に向け，校内研修をファシリテートするミドルリーダーの存在が重要である。単発な研修の実施に留まるのではなく，年間を通じて継続的な取組みとなるようなマネジメントが求められる。組織的な対応とは，困難さを抱えた学級担任を，一部の教師が支えることではない。また，生徒指導主事が，校内の生徒指導の責任を一度に背負うことでもない。組織としての指針を校長自ら明確に示し，その指針を教職員が理解し，その指針を理解した上で，全職員が納得して教育活動に取り組むことが重要である。

⑵ 校外における研修

校内の研修は，主に学校教育目標の達成に向け，全職員で共有すべき内容についての研修が行われる。教育委員会が主催する悉皆研修では，教職経験に応じて作成された育成指標に準じた研修が行われていることが多い。教職員の研修は，個々の教職員の能力に応じた研修が行われているとは限らないのである。また，飯沼（2022）は，外部の研修に参加する意義として，①自分の必要に応じた研修内容が選択可能であること，②先行知見や他地域の動向を知る機会と

なること，③教育実践を実証的に検討する機会となること，を示している。つまり，教職員は，自らの指導力を振り返り，不足を感じる部分や伸ばしたい部分について各自で考えながら，校外の研修の参加を通して，修養を重ねていく必要があるのである。

❸ 生徒指導の年間指導計画に基づいた組織的な取組み

伊佐（2022）は，学校経営方針に学校経営を位置づけ，全校体制で学級集団づくりを推進するというビジョンを教職員に示すことで，以下のような，学校の教育活動を推進するあり方を示している。

(1) 学級集団づくりのスタンダードを共有し実践する

「学級集団づくりスタンダードプラン」として具体的な教育実践のポイントを絞り込み，A3 二つ折り程度のリーフレットを作成する。リーフレットには，成果目標，実践目標，各月における具体的な取組み内容，共有する必要がある定義や方法などを示すことで，教職員がイメージしやすいように配慮する。

(2) 学級集団づくりのシステムと組織を構築する

まずシステムを先につくり，それを動かす組織を明確にする。例えば，①学級担任が共通指標として作成された「整理票」をまとめながら学級の状態を把握する，②学年部などのチームで結果や整理票を活用し事例検討会を行う，③学級担任は提案された対応策の中から実践することを決定し，PDCA サイクルの枠組みで構成された「学級づくりカード」に記入し，次の一手を明確にする，等である。

このように，年間計画に基づいた組織的な取組みを行うためには，校長が具体的に教育活動の指針を示し，生徒指導主事や学年主任等の実践的組織を統括するミドルリーダーがその指針を十分に理解し，教員組織全体としての取組みへと広げ，実現していくことが求められるのである。

column 4　教師の自己開示が与える影響

1．自己開示とは

　自己開示に関しては，多くの研究者が「個人情報を言葉（言語）で相手に伝えること（Cozby, 1973）」と定義していることから，「自己に関する情報を主として言語により他者に伝えること」とまとめられる。

2．自己開示の影響

　自己開示の一般的な効果は，個人的効果（感情表出，自己明確化，社会的妥当化）と対人的効果（二者関係の発展，社会的コントロール，親密感の調整）の2つである（安藤，1986）。教師の自己開示が与える影響は対人的効果である。この効果について以下に詳しく説明する。

(1) 二者関係の発展

　他者からの自己開示は，受け手にとって開示者の好意や信頼を受けているという社会的報酬となるため，受け手は開示者に好意的感情をもつようになる。すると受け手は，開示者に好意的なフィードバックをするようになる。こうした好意の交換で二者間の関係がしだいに親密化していくという効果がある。

(2) 社会的コントロール

　自己開示を行うことで，他者が自分に抱く印象をコントロールしたり，二者関係の発展性をコントロールしたりする自己呈示的な効果。例えば，「私が自己開示を行う相手はあなただけですよ」という印象を開示相手に与えることにより，開示相手に好ましい印象を与えることなどが挙げられる。

(3) 親密感の調整

　他者との親密さのレベルを維持するために，会話内容を変化させる効果。例えば，対人距離を自己開示で調整することが挙げられる。具体的には，対人距離

が近づくと会話内容の内面性を減らし，対人距離が遠くなれば会話内容の内面性を高くすることで二者間の親密度の水準を適切に保つことができるのである。

3．教師の自己開示の影響

　　上記に鑑み，教師の自己開示が必要な理由と，自己開示する際のポイントを以下にまとめた。

⑴ 教師の自己開示が必要な理由

・自己開示により，教師と子どもとの心理的距離感が縮まり，教師の勢力資源の「準拠性」（注1）や，「親近・受容性」（注2），「明朗性」（注3）が高まる。

・教師の失敗や経験にふれさせることで，子どもの失敗や課題に対する対応の一事例を示すなど，教師の集団維持機能である情緒的な支援ができる。

・子どもにとっての自己開示は，対人的効果だけではなく個人的効果もあることから，子どもたちが自己開示できることは大切である。そこで，教師が自己開示することで見本を見せることができるとともに，自己開示が気軽にできる学級風土をつくることができる。

⑵ 教師が自己開示をする際のポイント

・成功例ではなく失敗例の自己開示のほうが，教師の人間性に子どもたちがふれることができ，親近感や安心感をもたせやすい。

・つくり話ではなく事実に基づいた話をする。

・ときには戦略的な自己開示をし，関係性をコントロールする。具体的には，関係性が薄い子どもに対してはその子だけに自己開示をしたり，あまりにもなれなれしい子どもには自己開示を制御したりすることなど。

注1：準拠性とは教師に対する好意・尊敬・信頼感・あこがれなど，教師の内面的な人間的魅力に基づく。
注2：親近・受容性とは教師に対する親近感・被受容感など，教師の内面的な人間的魅力に基づく。
注3：明朗性とは教師の性格上の明るさ，かかわることで楽しい気分になることに基づく。

第5章

生徒指導に関する主な法令

第1節 校則・懲戒・体罰等の生徒指導に関する主な法令

❶ 校則

　「児童生徒が遵守すべき学習上，生活上の規律として定められる校則は，児童生徒が健全な学校生活を送り，よりよく成長・発達していくために設けられるもの」（文部科学省，2022）である。例えば小学校では「○○小生活のきまり」，中学校・高等学校では「校則」「生徒心得」などと呼ばれていることが多い。

　校則のあり方について定める法令は特にない。判例では，社会通念上合理的かつ教育目標実現のために必要という観点から校長により制定されるものとされている。制定の際は，少数派の意見も尊重しつつ，子ども個人の能力や自主性を伸長するものとなるように配慮が必要である。実際の指導では，校則を守らせることにこだわることなく，教職員がその背景や理由を理解し，子どもが自分事としてその意味を理解し，自主的に遵守するように留意する必要がある。

　その上で，校則に反した場合は行為を正すことをゴールにせず，違反の背景

や子どもの個別の状況等を把握しながら内省を促す指導になるよう留意したい。校則を制定してから一定の期間が経過し，学校・地域・社会の変化を経て，その意義について適切な説明が不可能なものについては，改めて学校の教育目的に照らしてほんとうに必要か，現状とマッチしているか等，絶えず見直しをしていく必要がある。校則の策定や見直しの際のプロセスについても示されていることが望ましい。生徒指導提要（文部科学省，2022）には学校や教育委員会における取組み例が示されている。以下は学校における取組み例である。

- ●各学級で校則や学校生活上の規則で変更してほしいこと，見直してほしいことを議論
- ●生徒会や PTA 会議，学校評議員会において，現行の校則について，時代の要請や社会常識の変化等を踏まえ，見直しが必要な事項について意見を聴取
- ●児童生徒や保護者との共通理解を図るため，校則をホームページに掲載するとともに，入学予定者等を対象とした説明会において，校則の内容について説明

---

❷ 懲戒と体罰等

(1) 懲戒

　学校における懲戒とは，教育上の必要があると認められるときに，子どもを叱責したり処罰したりすることである。学校の教育目的を達成するためのものであり，学校の秩序維持のために行われる場合もあるが，子どもの特性や心情に寄り添い，適正な手続きで進めることが肝要である（文部科学省，2022）。

- ●**事実行為としての懲戒**
　叱責する，起立や居残りを命じる，宿題や清掃を課す，訓告を行う　等
- ●**法的効果を伴う懲戒**
　退学（教育を受ける権利を奪う），停学（教育を受ける権利を一定期間停止）

　学校教育法第11条本文では，「校長及び教員は，教育上必要があると認めるときは，文部科学大臣の定めるところにより，児童，生徒及び学生に懲戒を加

えることができる」と規定している。学校教育法施行規則第26条第3項では，退学の要件として，「性行不良で改善の見込みがないと認められる者，学力劣等で成業の見込みがないと認められる者，正当の理由がなくて出席常でない者」など4つの事由が定められている。ただし，退学は，公立の義務教育学校段階の学校では行うことはできない（併設型中学校を除く）。同条第4項では，停学は，処分の期間中は教育を受けることができなくなるため，国立・公立・私立を問わず，義務教育段階では行うことはできないことが規定されている。

　懲戒の手続きについて法令上の規定はないが，懲戒を争う訴訟や損害賠償請求訴訟が提起される場合もあり，懲戒に関する基準について明確化し，子どもや保護者に周知して理解と協力を得るように努める必要がある。

⑵ 体罰・不適切な指導

　児童生徒への体罰は，法律（学校教育法第11条）により禁止されている。身体に対する侵害，肉体的苦痛を与える懲戒である体罰を行ってはいけない（正当防衛等を除く）。体罰による指導では，正常な倫理観を養うことはできず，むしろ子どもに力による解決への志向を助長することにつながる。

　体罰には含まれなくても，教職員による不適切な指導等（以下参照）が不登校や自殺のきっかけになるケースもある。部活動を含めた学校生活全体で絶対に行わないよう，十分に注意する必要がある（文部科学省，2022）。

不適切な指導と考えられ得る例

・大声で怒鳴る，ものを叩く・投げる等の威圧的，感情的な言動で指導する。

・児童生徒の言い分を聞かず，事実確認が不十分なまま思い込みで指導する。

・組織的な対応を全く考慮せず，独断で指導する。

・殊更に児童生徒の面前で叱責するなど，児童生徒の尊厳やプライバシーを損なうような指導を行う。

・児童生徒が著しく不安感や圧迫感を感じる場所で指導する。

・他の児童生徒に連帯責任を負わせることで，本人に必要以上の負担感や罪悪感を与える指導を行う。

第2節　高等学校における停学および中途退学の実際

・指導後に教室に一人にする，一人で帰らせる，保護者に連絡しないなど，適切なフォローを行わない。

第2節　高等学校における停学および中途退学の実際

❶ 高等学校の懲戒処分の実際

　子どもの問題行動は依然として深刻な状況にあり，学校はその対応に多くの時間と労力を費やしている。問題行動発生時には「十分な教育的配慮のもと，出席停止や懲戒等の措置も含め，毅然とした対応をとり，教育現場を安心できるもの」にするとされている（文部科学省，2007）。この毅然とした対応は逸脱行為への罰則をあらかじめ決め，違反時には例外なく罰則を適応して問題行動発生を抑制する，アメリカの「ゼロトレランス」の流れをくむ指導方針である。

　実際には，退学や停学などの「法的効果を伴う懲戒」に基づく処分は稀で，「事実行為としての懲戒」が行われることが多い。つまり，校長の権限として認められる「懲戒裁量権」を行使した退学や停学ではなく，自主退学や謹慎指導（自宅謹慎・学校内謹慎），説諭・訓告などの「教育的指導」が行われている。懲戒処分が生徒指導要録などに記載されるため，子どもの将来に影響を与えることを避ける教育見地が背景にある。一方で，懲戒については「生徒指導上の基準やきまり，指導方針についてあらかじめ明確化し，これを生徒や保護者等に周知し，生徒の自己指導能力の育成を期する」とされている（文部科学省，2008）。懲戒の基準や指導方針を示すことは，懲戒が単なる問題行動の処分ではなく，子どもが自らふさわしい行動を考え，課題を自分で解決していく主体的・自律的な自己指導能力の育成と規範意識の向上の意図が根底にあるといえる。あわせて「社会で許されない行為は，学校でも許されない」という社会の一員としての責任と義務を指導することが求められる（文部科学省，

79

第 5 章　生徒指導に関する主な法令

2011)。以上により，各学校は子どもの懲戒に関して以下の整備が求められる。

> (1) 子どもの問題行動等に対する懲戒に関する規定（内規など）の作成
> (2) 教職員の共通理解と指導の点検・評価
> (3) 子ども・保護者への規定に関する説明の徹底
> (4) 問題行動発生時の事実確認の徹底と弁明の機会の保障

❷ 高等学校の中途退学者の現状と課題

　文部科学省（2023）によると，高等学校進学率は1960年代の高度経済成長期に急増し，1992年には95％を超え，以後漸増し，2023年には98.6％となっている。高等学校卒業資格が社会参加に必要とみなされ，「みんなが行くから」といった曖昧な動機の入学が増えるに従い，中途退学者も増加するようになった。近年，中途退学者数と中途退学率はやや減少がみられ，2022年度の中途退学者と中途退学率は43,401人（約1.4％）である。課程別の中途退学では定時制・通信制が全日制に比べて高く，全日制では普通科に比べて総合学科・専門学科で高い。入学年度（1年生）の中途退学が最も高く，事由ではかつて多かった「学業不振」や「問題行動等」が減少し，「学校生活・学業不適応」「進路変更」が多数を占めている。中途退学にいたるプロセスにはさまざまな要因が複雑に関連している。内閣府（2011）の中途退学者への追跡調査では，「校風が合わなかった」「勉強がわからなかった」「人間関係がうまくいかなかった」と「欠席欠時で進級できそうになかった」は重複して選ばれており，何らかの理由が欠席欠時と重複して中途退学にいたる（乾ら，2012）と考えられる。

❸ 中途退学予防への具体的指導

　国立教育政策研究所（2017）は，中途退学者と卒業者を比較調査し，(1)「まじめに授業を受けている」「学校行事に熱心に参加している」の項目で全学年で有意な差があること，(2)「授業がよくわかる」が1年時での中途退学の歯止めになる可能性が高いこと，(3)中途退学の防止は1年1学期の働きかけがポイ

ントであることを明らかにした。よって，中途退学を防ぐには，子どもの「授業や学校生活への積極的なコミットメントを促す」，教師による「わかる授業の実践」と「入学当初からの適切な指導・支援」が重要であるといえる。

　そのため入学前の学校説明と体験入学により，中学校との違いと学校の特色を十分に理解させるとともに，入学直後の「友人関係の形成」「学級・部活動などの居場所づくり」のために，構成的グループエンカウンターやソーシャルスキル・トレーニングの活用が考えられる。多くの中途退学者が教師に相談せずに辞める状況があるため，教育相談活動を充実させ，悩みを聞く体制を構築する必要がある。さらに，「不本意入学」を受けとめた上で「高等学校生活の目標」「将来の目標」を考えさせる入学当初の面接の設定などの対応が考えられる。

　家庭環境や経済的要因が子どもの意欲を阻害するため，福祉的観点からの配慮も必要となる。スクールソーシャルワーカーらと連携しつつ，福祉などの専門機関につなぐ支援を行う。また，「義務教育ではない高等学校は子どもが希望して通うもの」という先入観を教師がもつ場合，子どもの登校を保証するという考え自体が生まれにくい（小野・保坂，2012）。問題行動を起こす子どもであっても，教育的視点から立ち直りを期待する指導を行う必要がある。さらに，妊娠・出産から中途退学にいたる場合，生まれてくる子どもを含めた将来のキャリア形成に大きな影響を及ぼす。関連教科や特別活動を通じて性に関する予防的教育の実施と，早期発見・早期対応のために教師間で情報の共有を図り，連携して援助することが重要である。

❹ 中途退学者の進路指導のあり方

　学校は子どもに対して社会とのつながりを提供する機能もあわせもっている。中途退学により子どもが社会のセーフティネットからこぼれ落ち，フリーターや若年無業者などにいたるリスクもはらむため，高等学校には彼らを守る最後の砦としての役割（内閣府，2010）が期待される。具体的には，情報提供と専門機関との連携による切れ目のない援助である。「困難に直面したときに，どこに行き，どのような支援を受ければいいのか」を伝える指導が欠かせない。

column 5　教職員の体罰の実際

　学校教育法第11条により，校長や教員による体罰は禁止されている。ゆえに，その法令に違反した教員は，体罰を理由に懲戒や訓告などの処分を受けることとなる。ここ数年の文部科学省の公立学校教職員の人事行政状況調査結果をグラフにまとめる（**図 5-1**）。

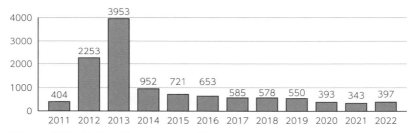

図 5-1　体罰で懲戒処分等を受けた公立学校の教職員（文部科学省 2011-2022をもとに作成）

　大阪市立桜宮高等学校の生徒が2012年に部活動顧問から体罰を受けた後に自殺した事件を受けて調査方法が変わり，2012・2013年度に多くの教職員が処分を受ける形となった。その後，減少傾向が続いてきたのは，子どもや保護者を対象にした実態把握調査が，体罰には厳しい処分が下るという認識を教職員にもたせ，抑止力につながった結果だと思われる。ところが，2022年度には新調査以降で初めて増加に転じた。今後の変化を注視したい。

　最近の調査（文部科学省，2023）では，小学校教職員による件数が最も多く，次いで中学，高等学校の順である。体罰の内容では，いずれの学校種も「素手で殴る・たたく」の割合が最多だった。50代の男性教職員によるものが最多で，30代，40代の順に多い。被害を受けた子どもの大半は「傷害なし」だったが，「打撲」など，けがを負ったケースもあった。いずれの学校種でも「授業中」の発生が最も多く，中学・高校では「部活動」での発生も多いことがわかった。

50代の発生率が高いという結果について，河村（2000）は，教職経験年数が長くなると子どもに対する教師特有のビリーフ（信念）が強くなる傾向があることを指摘している。ベテラン教師ほど教師の意図した行動や態度を子どもに求め，管理の強い指導行動や態度をとる傾向にあるということである。かつての学校現場では，怒声をもって子どもを威圧し，反抗を制圧してきた。しかし，時代は大きく変化した。威圧や脅迫，強制などのパワーハラスメント的指導方法に頼らずに子どもを納得させられる，多様で柔軟な指導力が求められている。

　また，中学校・高等学校の部活動における発生率が高いという結果について，スポーツ指導には鍛錬が必要であり，つらさや痛みに耐える厳しい練習の先に選手の成長があるという考え方がある。スポーツ指導の現場では「競技者としての成長を思って」「チームを強くするため」という大義名分を振りかざすことで，ときに体罰にまで発展するパワーハラスメント的指導が行われやすい。また，スポーツ指導に限らないが，集団を預かった責任者は通常，集団をまとめ，成果を上げることを求められる。そのときに集団を引き締めたり，統制したりする効果をねらったいわゆる"見せしめ"の指導が行われることがある。誰か一人をターゲットにしてパワーハラスメント的指導を行うことで集団全体の緊張感と集中力を高められる。その対象が部活動の主将のような集団のリーダーであれば効果は大きいと考える指導者がいても不思議ではない。たとえ体罰が行われても指導者の権限は強く，子どもには「逆らえば切り捨てられる」という恐怖心があり，黙って従うしかないため常態化しやすい。つまり，部活動（特に運動部）の現場ではパワーハラスメント的指導が行われやすい風土が依然として存在するということである。

　体罰はパワーハラスメントの延長線上にある。パワーハラスメントは指導者に大きな権力があり，それに従わざるを得ない人間関係の中で生じる。なくすためには，指導者は「自分の思いどおりに矯正する」という意識から，「子どもが自分で育つことをサポートする」という意識への変革を図らなければならない。自律性支援がキーワードになる。

第6章

進路指導と
キャリア教育

第1節　職業指導，進路指導，キャリア教育への変遷

1 職業指導

　パーソンズ（Persons, F.）が1908年に若者への職業選択の支援として行った職業支援運動が職業指導（Vocational Guidance）の起源の一つとされている。職業選択支援のプロセスは，「自己理解」「職業理解」「マッチング」の3段階で進められ，後の職業指導に影響を与えている。

　日本においては，教育における職業指導は1927年に文部省より「児童生徒ノ個性尊重及職業指導ニ関スル件」に始まったとされている。1947年公布の職業安定法で職業指導は「職業に就こうとする者に対し，実習，講習，指示，助言，情報の提供その他の方法により，その者の能力に適合する職業の選択を容易にさせ，及びその職業に対する適応性を増大させるために行う指導」と定義され，学校教育にも職業指導が導入された。

❷ 進路指導

1958年改訂の中学校学習指導要領では，「職業指導」から「進路指導」へ名称が変更され，教科ではなく特別教育活動に位置づけられた。呼称の変更は，就職を希望する生徒のみを対象とする職業教育との混同も招きがちな「職業指導」から，生徒の成長や発達を強く意識し，卒業後の社会生活・職業生活でのさらなる成長を願い，そのために必要な能力や態度の育成という目標を強調した「進路指導」に改められたのである。

そして，1961年に文部省は，「進路指導とは，生徒の個人資料，進路情報，啓発的経験および相談を通じて，生徒みずから，将来の進路の選択，計画をし，就職または進学して，さらにその後の生活によりよく適応し，進歩する能力を伸長するように，教師が組織的，継続的に援助する過程である」と定義した。

❸ キャリア教育

キャリア教育という用語が初めて登場した，1999年の中央教育審議会の答申では，「学校教育と職業生活との接続」の改善を図るために，小学校段階から発達の段階に応じてキャリア教育を実施する必要があると提言されている（**図6-1**）。また，2017年に小学校においても学習指導要領でキャリア教育につい

	小学校	中学校	高等学校	
就学前	〈キャリア発達段階〉			大学・専門学校・社会人
	進路の探索・選択にかかる基盤形成の時期	現実的探索と暫定的選択の時期	現実的探索・試行と社会的移行準備の時期	
	・自己及び他者への積極的関心の形成・発展 ・身のまわりの仕事や環境への関心・意欲の向上 ・夢や希望，憧れる自己のイメージの獲得 ・勤労を重んじ目標に向かって努力する態度の育成	・肯定的自己理解と自己有用感の獲得 ・興味・関心等に基づく勤労観・職業観の形成 ・進路計画の立案と暫定的選択 ・生き方や進路に関する現実的探索	・自己理解の深化と自己受容 ・選択基準としての勤労観，職業観の確立 ・将来設計の立案と社会的移行の準備 ・進路の現実吟味と試行的参加	

図6-1 小学生・中学生・高校生におけるキャリア発達（文部科学省，2011）

第6章　進路指導とキャリア教育

て明記され，すべての発達段階で行う教育活動であることが明示された。

　また，キャリアは，人が生涯の中でさまざまな役割を果たす過程で，自らの役割の価値や自分との関係を見いだしていく連なりや積み重ねであるとされており，人の人生や生き方そのものといえる広い概念となっている。

第2節　キャリア教育の考え方と内容

❶ キャリア教育の定義と意義

　中央教育審議会（2011）ではキャリア教育の定義を「一人一人の社会的・職業的自立に向け，必要な基盤となる能力や態度を育てることを通して，キャリア発達を促す教育」としている。キャリア発達とは社会の中で自分の役割を果たしながら，自分らしい生き方を実現していく過程である。

　また，キャリア教育の意義について，「キャリア教育は，キャリアが子ども・若者の発達の段階やその発達の課題の達成と深くかかわりながら段階を追って発達していくことを踏まえ，幼児期の教育から高等教育に至るまで体系的に進めることが必要である」とした上で，キャリア教育に取り組む意義について3点に整理し，次のように述べている。

　　第一に，キャリア教育は，一人一人のキャリア発達や個人としての自立を促す視点から，学校教育を構成していくための理念と方向性を示すものである。各学校が，この視点に立って教育の在り方を幅広く見直すことにより，教職員に教育の理念と進むべき方向が共有されると共に，教育課程の改善が促進される。

　　第二に，キャリア教育は，将来，社会人・職業人として自立していくために発達させるべき能力や態度があるという前提に立って，各学校段階で取り組むべき発達課題を明らかにし，日々の教育活動を通して達成させることを目指すものである。このような視点に立って教育活動を展開することにより，学校教

86

第2節　キャリア教育の考え方と内容

育が目指す全人的成長・発達を促すことができる。

　第三に，キャリア教育を実践し，学校生活と社会生活や職業生活を結び，関連付け，将来の夢と学業を結び付けることにより，生徒・学生等の学習意欲を喚起することの大切さが確認できる。このような取組を進めることを通じて，学校教育が抱える様々な課題への対処に活路を開くことにもつながる。

❷ キャリア教育に求められる資質・能力

　キャリア教育では，資質・能力の基礎的・汎用的能力の育成が求められている。そして，「基礎的・汎用的能力」として，「人間関係形成・社会形成能力」「自己理解・自己管理能力」「課題対応能力」「キャリアプランニング能力」の4つの能力が示されている（文部科学省，2011）。

●人間関係形成・社会形成能力

　「人間関係形成・社会形成能力」は，多様な他者の考えや立場を理解し，相手の意見を聴いて自分の考えを正確に伝えることができるとともに，自分の置かれている状況を受け止め，役割を果たしつつ他者と協力・協働して社会に参画し，今後の社会を積極的に形成することができる力である。この能力は，社会とのかかわりの中で生活し仕事をしていく上で，基礎となる能力である。

　この能力は価値の多様化が進む現代社会で必要とされる非認知能力であり，具体的な要素として，他者の個性を理解する力，他者に働きかける力，コミュニケーション・スキル，チームワーク，リーダーシップ等が挙げられる。

●自己理解・自己管理能力

　「自己理解・自己管理能力」は，自分が「できること」「意義を感じること」「したいこと」について，社会との相互関係を保ちつつ，今後の自分自身の可能性を含めた肯定的な理解に基づき主体的に行動すると同時に，自らの思考や感情を律し，かつ，今後の成長のために進んで学ぼうとする力である。この能力は，子どもや若者の自信や自己肯定感の低さが指摘される中，「やればできる」

第6章　進路指導とキャリア教育

と考えて行動できる力である。

　具体的な要素としては，例えば，自己の役割の理解，前向きに考える力，自己の動機付け，忍耐力，ストレスマネジメント，主体的行動等が挙げられる。

● 課題対応能力

　「課題対応能力」は，仕事をする上での様々な課題を発見・分析し，適切な計画を立ててその課題を処理し，解決することができる力である。この能力は，自らが行うべきことに意欲的に取り組む上で必要なものである。また，知識基盤社会の到来やグローバル化等を踏まえ，従来の考え方や方法にとらわれずに物事を前に進めていくために必要な力である。

　この能力は社会の情報化が進む現代社会で必要とされる認知能力であり，具体的な要素としては，情報の理解・選択・処理等，本質の理解，原因の追究，課題発見，計画立案，実行力，評価・改善等が挙げられる。

● キャリアプランニング能力

　この能力は，「働くこと」の意義を理解し，自らが果たすべき様々な立場や役割との関連を踏まえて「働くこと」を位置付け，多様な生き方に関する様々な情報を適切に取捨選択・活用しながら，自ら主体的に判断してキャリアを形成していく力である。この能力は，社会人・職業人として生活していくために生涯にわたって必要となる能力である。

　具体的な要素としては，学ぶこと・働くことの意義や役割の理解，多様性の理解，将来設計，選択，行動と改善等が挙げられる。

　以上の4つの能力の育成にあたっては，次のような配慮が求められる（文部科学省，2011）。

● 4つの能力は，それぞれが独立したものではなく，相互に関連・依存した関係にある。このため，特に順序があるものではなく，また，これらの能力をすべての者が同じ程度あるいは均一に身に付けることを求めるものではない。
● 4つの能力をどのようなまとまりで，どの程度身に付けさせるのかは，学校

第2節　キャリア教育の考え方と内容

や地域の特色，専攻分野の特性や子ども・若者の発達の段階によって異なると考えられる。各学校においては，この4つの能力を参考にしつつ，それぞれの課題を踏まえて具体の能力を設定し，工夫された教育を通じて達成することが望まれる。その際，初等中等教育の学校では，新しい学習指導要領を踏まえて育成されるべきである。

❸ キャリア教育の考え方

中央教育審議会（2011）ではキャリアを次のように捉えている。

　人は，他者や社会とのかかわりの中で，職業人，家庭人，地域社会の一員等，様々な役割を担いながら生きている。これらの役割は，生涯という時間的な流れの中で変化しつつ積み重なり，つながっていくものである。また，このような役割の中には，所属する集団や組織から与えられたものや日常生活の中で特に意識せず習慣的に行っているものもあるが，人はこれらを含めた様々な役割の関係や価値を自ら判断し，取捨選択や創造を重ねながら取り組んでいる。

　人は，このような自分の役割を果たして活動すること，つまり「働くこと」を通して，人や社会にかかわることになり，そのかかわり方の違いが「自分らしい生き方」となっていくものである。

　このように，人が，生涯の中で様々な役割を果たす過程で，自らの役割の価値や自分と役割との関係を見いだしていく連なりや積み重ねが，「キャリア」の意味するところである。

　このキャリアは，ある年齢に達すると自然に獲得されるものではなく，子ども・若者の発達の段階や発達課題の達成と深くかかわりながら段階を追って発達していくものである。また，その発達を促すには，外部からの組織的・体系的な働きかけが不可欠であり，学校教育では，社会人・職業人として自立していくために必要な基盤となる能力や態度を育成することを通じて，一人一人の発達を促していくことが必要である。

第6章　進路指導とキャリア教育

　以上のキャリア教育の考え方は，キャリアは「生涯にわたる人生コースの中
で，個人によって演じられる役割と組み合せ」とする職業的発達理論
（Super,D.E.）の影響が考えられる（渡辺，2018）。さらに，キャリアには職業
のみに限定されない諸側面が含まれている。内容的には，職業的キャリア（職
業の選択と適応），教育的キャリア（進学先の選択と適応），人生的キャリア
（余暇の活用や結婚，家族生活などを含むライフスタイル）などが統合されて
いる。キャリアの概念は職業の視点から「人生あるいは個人的な生き方」に視
点が拡大され，より包括的になってきている（坂柳，1990）。

第3節　キャリア教育の実際

❶ キャリア教育の視点

⑴ 生徒指導とキャリア教育

　生徒指導提要（文部科学省，2022）では，生徒指導を進める上で，生徒指導，
キャリア教育，両者の相互作用を理解して，一体となった取組みを行うことが
大切であるとされている。そして，いじめや暴力行為などの生徒指導上の課題
への対応においては，児童生徒の反省だけでは再発防止力は弱く，自他の人生
への影響を考えること，自己の生き方を見つめること，自己の内面の変化を振
り返ること及び将来の夢や進路目標を明確にすることが重要であるため，生徒
指導とキャリア教育は，深い関係にあるとされている。

⑵ 進路指導とキャリアの関係

　キャリア教育は，就学前段階から初等中等教育・高等教育を貫き，また学校
から社会への移行に困難を抱える若者（若年無業者など）を支援する様々な機
関においても実践される。一方，進路指導は，理念・概念やねらいにおいてキ
ャリア教育と同じものであるが，中学校・高等学校に限定される教育活動であ
る。進路指導については，「その中で，生徒が自らの生き方を考え主体的に進

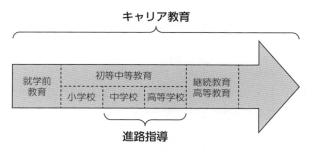

図 6-2 キャリア教育と進路指導の関係（文部科学省，2011）

路を選択することができるよう，学校の教育活動全体を通じ，組織的かつ計画的な進路指導を行うこと」とある。つまり，キャリア教育の中に進路指導が包含される形で存在しており，進路指導とキャリア教育は同様のベクトルである（**図 6-2**）。そのため，「進路指導＝出口指導」という理解とならないように注意し，本来のキャリア教育の目的を矮小化して認識してしまわないようにする必要がある。

❷ キャリア教育の実践

(1) 進路指導の6つの活動

進路指導は，従来6つの活動を通して実践されるといわれている。以下に6つの内容を挙げる（文部省，1995）。

> (1) 個人資料に基づいて生徒理解を深める活動と，正しい自己理解を生徒に得させる活動──生徒個人に関する諸資料を豊富に収集し，一人一人の生徒の能力・適性等を把握して，進路指導に役立てるとともに，生徒にも将来の進路との関連において自分自身を正しく理解させる活動である。
> (2) 進路に関する情報を生徒に得させる活動──職業や上級学校等に関する新しい情報を生徒に与えて理解させ，それを各自の進路選択に活用させる活動である。
> (3) 啓発的経験を生徒に得させる活動──生徒に経験を通じて，自己の能力・適

性等を吟味させたり，具体的に進路に関する情報を獲得させたりする活動である。
(4) 進路に関する相談の機会を生徒に与える活動——個別あるいはグループで，進路に関する悩みや問題を教師に相談して解決を図ったり，望ましい進路の選択や適応・進歩に必要な能力や態度を発達させたりする活動である。
(5) 就職や進学等に関する指導・援助の活動——就職，進学，家業・家事従事など生徒の進路選択の時点における援助や斡旋などの活動である。
(6) 卒業者の追指導に関する活動——生徒が卒業後それぞれの進路先においてよりよく適応し，進歩・向上していくように援助する活動である。

上記の6つの活動を永作（2012）は移行期支援における2つの課題から整理しており，移行の前の段階ではどのように進路を選ぶのか，選べるようにする指導が重要であるとしている（**図 6-3**）。そして，移行後の段階では新しい環境に適応することが重要であるとしている。

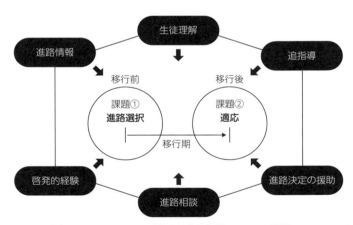

図 6-3 移行にかかわる2つの課題と進路指導の6つの課題（永作，2012）

(2) 特別活動とキャリア教育

「特別活動」の「学校行事」のうち「勤労生産・奉仕的行事」は，「勤労の尊

さや創造することの喜びを体得し，職場体験などの職業や進路にかかわる啓発的な体験が得られるようにするとともに，共に助け合って生きることの喜びを体得し，ボランティア活動などの社会奉仕の精神を養う体験が得られるような活動を行うこと」と定められ，進路指導における啓発的経験（＝体験的なキャリア教育）の機会として重要であるとされている。

そして，2017年より順次告示された学習指導要領では，キャリア教育が総則の中に明記され，例えば中学校では「生徒が，学ぶことと自己の将来とのつながりを見通しながら，社会的・職業的自立に向けて必要な基盤となる資質・能力を身に付けていくことができるよう，特別活動を要としつつ各教科等の特質に応じて，キャリア教育の充実を図ること。その中で，生徒が自らの生き方を考え主体的に進路を選択することができるよう，学校の教育活動全体を通じ，組織的かつ計画的な進路指導を行うこと」とされている。

また，新たな取組みであるキャリア・パスポートおいても，学級・ホームルーム活動(3)の授業で効果的に活用し，児童生徒が，自ら，現在及び将来の生き方を考えたり，自分に自信を持ち，よさを伸ばして生活したりできるように働きかけることが求められている（文部科学省，2022）。「キャリア・パスポート」とは，児童生徒が，小学校から高等学校までのキャリア教育に関わる諸活動について，特別活動の学級活動及びホームルーム活動を中心として，各教科等と往還し，自らの学習状況やキャリア形成を見通したり，振り返ったりしながら，自身の変容や成長を自己評価できるよう工夫されたポートフォリオのことである（文部科学省，2019）。

このように特別活動はキャリア教育を行う上でとても重要な教育活動となっている。しかし，キャリア教育は教育活動全体で行うことが求められており，特定の時期や活動に限定されたものではなく，特別活動に位置づいている職場体験のみを行えばよいという認識とならないように注意が必要である。

(3) キャリア教育の評価

キャリア教育の評価は，生徒の学習状況に関する評価，教師の学習指導に関する評価，各学校の指導計画に関する評価という3つの評価を，その対象とす

るとされている（文部科学省，2023）。

① 生徒の学習状況に関する評価

　生徒の学習状況を評価するためには，教師の適切な判断に基づいた評価が必要である。また，生徒の内に個人として育まれているよい点や進歩の状況などを積極的に評価する個人内評価や，それを通して生徒自身も自分のよい点や進歩の状況などに気付くようにすることが重要であるとし，評価の方法としては以下の内容が挙げられている。

・生徒の発表や話し合いの様子，学習や活動の状況などの観察による評価

・生徒のレポート，ワークシート，ノート，作文，絵などの製作物による評価

・生徒の学習活動の過程や成果などの記録や作品を計画的に集積した「キャリア・パスポート」，評価カードなどによる生徒の自己評価や相互評価

・教師や地域の人々等の記録による他者評価

　なお，これらの多様な評価は，適切に組み合わされて評価されることが考えられる。また，この際には，教師間や教師と生徒の間で共通に理解され共有されている観点に基づいて評価することが大切である。

② 教師の学習指導に関する評価

　キャリア教育における学習活動では，教師は，常に生徒の側に立ち，寄り添い，生徒の気持ちや考えを尊重し，それを汲み取った学習指導を心がけることが必要である。以下に文部科学省（2023）より例を挙げる。

教師の基本的な評価の観点（例）

⑴ 目標の設定について

・目標の設定は具体的で妥当であったか

⑵ 活動中の評価について

・生徒は積極的に取り組んでいるか，理解はどうか

・期待した変化や効果の兆しはあるか

⑶ 生徒の変化の評価

- 活動中の生徒の態度の変化
- 目標の達成状況（実施過程中，および終了時）
- 特に顕著な生徒の資質・能力，課題など

③ 各学校の指導計画に関する評価

各学校はキャリア教育の目標の達成をめざした指導計画が，効果的に実現する働きをしているのかを適切に評価し，その改善を図ることが必要である。

(4) キャリア教育における連携

キャリア発達を促すには，外部からの組織的・体系的な働きかけが不可欠であるとされており，そのためには外部連携や学校種間の連携が重要である（**図6-4**）。

外部連携では，学校教育に変化する社会の動きを取り込み，世の中と結びついた授業等を通じて，人生を前向きに考えていけるようにすること。発達の段階に応じて積み重ねていく学びの中で，地域や社会と関わり，さまざまな職業に出会い，社会的・職業的自立に向けた学びを積み重ねていくことが，これからの学びの鍵とされている。

また，学校間の連携では，学校種ごとの特徴を理解した上で，児童生徒の将来を共に見据え協力しながら連携することが重要である（文部科学省，2023）。

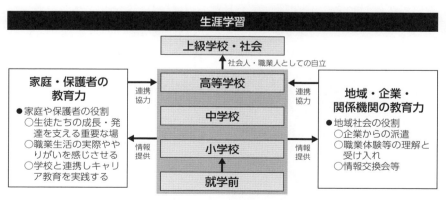

図6-4 小学校・中学校・高等学校の連携と家庭・地域との連携（文部科学省，2023）

第6章　進路指導とキャリア教育

⑸ キャリア教育における PDCA サイクルの活用

　キャリア教育では，体系的，継続的に実践を行うことが求められており，キャリア教育を推進するためには PDCA サイクルを活用することが有効である。

　以下に藤田（2014）が挙げるキャリア教育に PDCA サイクルを活用する際の重要となるポイントを挙げる。

1.「行動レベル」の視点で子どもたちの現状を把握し，目標を設定する

　　1-A. 現状把握は形容詞や形容動詞等の「単語レベル」にとどめない

　　1-B. 目標とスローガンを区別し，具体的な目標を設定する

2. 教職員はもちろん保護者や地域の方々も納得できる
　　現状把握と目標設定にする

3. 現状把握と目標設定において「基礎的・汎用的能力」を活用する

4. 評価指標を設定し，実践の成果（＝児童生徒の成長・変容）を評価する

5. 包括的な評価を工夫する

6. 教科等における評価との混同を避ける

7. 評価結果を踏まえて計画や実践の改善を図る

　キャリア教育に PDCA サイクルを活用するためには，上記のポイントを踏まえた実践が求められる。そして，それを継続するためには，A（＝改善）が重要であり，実践の評価を踏まえた目標の再検討が特に重要である（藤田,2014）。このように，キャリア教育は，特定の時期や活動で行う視点ではなく，キャリアの意義や目的を踏まえた実践と評価，学校や地域連携を縦断的，体系的に行う広い視点をもち，継続的に進められることが求められている。

column	
6	**子どもがもつ将来の夢から**

　学習指導要領（文部科学省，2017）では，「児童（生徒）の発達の支援」の1つとして「キャリア教育の充実」が新たに示され，キャリア教育の充実がいっそう求められている。キャリア教育について課題も指摘されており，教育活動全体の中で基礎的・汎用的能力をはぐくむものであることから，夢をもつことや職業調べなどの固定的な活動だけに終わらないようにすることが大切であるとしている。本コラムでは，キャリア教育の一環として，将来の夢を書くという活動を行った際の出来事から，キャリア教育に関する子どもの意識について考えてみたい。

1．大人になりたくない子どもたち

　小学5年生に対して将来の夢を書くという活動をしたとき，ある子どもが将来の夢を書かないということがあった。その子どもに，「いろいろな夢があるよ。まだ，将来の夢がないのなら，友達の夢を参考にして書いてもいいよ」と伝えると，その子どもは「将来の夢なんてない。大人になんてなりたくないし」と言った。どういうことなのかと気になったため「どうして，大人になりたくないの」と問うと，「大人になったら，遊べないから。子どものほうがいっぱい遊べるからいい」と言っていた。ベテラン教師にこの話をすると驚いた様子を見せた。いまから15年前の「大人と子ども」をテーマにした討論では，「大人になりたい」派と「子どものままでいたい」派に分かれて討論をすると，3分の2の子どもが大人になりたい派だったそうである。

　中越（2009）は，子どもの将来に対する意識調査として，3年生から6年生294人に「あなたは，早く大人になりたいですか」と問い，「なりたい／なりたくない」で回答を求めている。すると，「なりたくない」と回答した子どもは，3年生35.4％，4年生48.2％，5年生52.9％，6年生62.2％となり，

学年が上がるにつれて大人になりたくないと回答した子どもが増えていることを明らかにした。

2017年改訂の学習指導要領では，キャリア教育の要となる特別活動の学級活動の内容に，「一人一人のキャリア形成と自己実現」を設けている。その中に「現在や将来に希望や目標をもって生きる意欲や態度の形成」とあるが，大人になりたくないと考えている子どもというのは，将来に希望や目標をもって生きる意欲がもてているとはいえないだろう。どうしてこのように考えるのだろうか。

中越（2009）は，早く大人になりたくない理由についても明らかにしている。「大人になりたくない」の理由では「大人になると忙しくて大変」「働かなければならない」などの意見が多数あったことを示し，このことから，子どもはすでに働くことがいかに大変でいやなものであるかということを身にしみて感じているとまとめている。

2．実態に合ったキャリア教育を

学習指導要領（文部科学省，2017）において，キャリア教育の一環として働くことの大切さや意義を理解させていくことは，学級・学校生活の向上に寄与する活動などの充実につながるとともに，公共の精神を養い，望ましい勤労観・職業観・社会性の育成を図ることにもつながるとしている。

キャリア教育の課題として挙げられている，夢をもつことや職業調べなどの固定的な活動だけに終わらず基礎的・汎用的能力を育むためには，働くことが大変でいやなものであると感じている子どもが，キャリア教育を通して，「働くことは大変でいやなこともときにはあるものの，働くことは周りの人のためみんなのためになる大切で意義のあることだ」という思いをもてるようにする教育活動を，学校教育全体を通して行う必要があると思われる。そのための方法として，道徳の時間に働くことの意義を教師が語ったり，総合的な学習の時間に地域で働くゲストティーチャーを招いて働くことの意義を語ってもらったりすることなどが考えられる。また，子どもの将来に対する意識調査を定期的に行い，実態に合ったキャリア教育を行うことが重要であろう。

column

7

大学生が進路選択に迷う背景にあるもの：集団体験の必要性

　大学生は「自分とは一体何者か（アイデンティティ）」を模索していく青年期にあたる。この時期は，自分が魅力を感じる複数の集団で自身を同一化させることが重要であるといわれている。集団におけるさまざまな役割の中で期待にそった心理的・社会的な経験を経て，自らの存在について1つずつ確証をもてたとき，それは"私"というアイデンティティの一部となる。大学生が「自分は何をしたいのか」という根本的な問いを模索し，進路選択に活かすためにも，このような体験は積極的に行う必要がある。

　しかし，近年の大学生が進路選択に対して受身の姿勢になっていることを，若松・下村（2012）は指摘する。進路未決定者は自分から情報を取りに動くといったような「職業（他者）に合わせて自分を変えていく」発想ではなく，どちらの職業も自分に適しているように思えて決められない，といったような「職業（他者）を自分に合わせて選ぶ」発想をとりがちであるという。選択には明らかな正解が存在するわけではないため，最終的に1つに絞る過程でのむずかしさがあり，決められないという問題が出てくるのである。

　このような現状の中，入学して間もない大学生は，将来の選択を見据えてどのような大学生活を送ることが望ましいだろうか。次のような活動を意識して体験することが，進路選択への積極性や確実性を増やしていく契機になると考えられる。

1．授業と授業外の活動にバランスよく関与する

　大学生の中でも「よく遊び，よく学ぶ」タイプ（溝上，2009）は，授業と授業外の活動をバランスよく体験し，知識・技能の獲得や自らの成長を肯定的に捉えているという。このタイプの学生は，活動の拠点を1つに限定することなく，複数の集団に同時に関与することで，自分とは異なる背景をもった多

様な他者と柔軟にコミュニケーションをとり，自分の役割や立ち位置の幅を理解することができているのではないかと考えられる。このような体験は，職業を選択する上で参考となるエピソードになると予想される。

　ただし，ここでいうバランスのよい関与とは，すべての活動にやみくもに時間を費やすことではない。活動には優先順位をつけることが必要である。比較的短期間で成果が得られやすい授業外の活動に注力するあまり，長期的な計画を必要とする就職活動に本腰を入れることができなくなるのでは本末転倒であるため，注意したい。

2．身近な仲間とキャリアについて語り合う場面を定期的に設ける

　例えば，大学のゼミやキャリア教育にまつわる授業を履修し，その中で自分の夢や思いを互いに話すことで，グループメンバーと自分の価値観の似ているところや，違うところが見えてくるのではないかと考えられる。

　仲間の気持ちに共感したり，相手の立場に立ってなぜ違う考え方をするのかを理解したりする中で，いままで気づいていなかった自分のよさや，改善したい部分などがわかってくる。同じような目的をもった仲間の理解を深めていくことが，進路を選択する上での自己理解にもつながるのである。

3．信頼できるメンターを複数もち，自らの資質・能力についてのアドバイスをもらう

　仕事の内容に興味・関心をもったことをきっかけに進路選択したが，実際は自分や業界の分析不足による入社後のミスマッチから辞めてしまったという事例は少なくない。選択した進路がほんとうに適しているのかどうか考えるために，ある一定期間同じ集団で活動をしたことのある先輩や教師に，自分の強みや弱みを含めて率直に話すことで，少し離れた視点からのアドバイスをもらうことも重要である。そういったアドバイスは自分自身の不足している資質・能力をメタ認知する契機となり，社会に向けて主体的にかかわっていこうとするモチベーションの原動力となるのである。

第Ⅱ部　実際編

第7章

現代の子どもを
取り巻く問題

生徒指導上の問題に適切に対応するためには，近年の子どもが直面している課題を理解することが必要になる。本章では，児童虐待，子どもの自殺，インターネット・携帯電話に関する問題を取り上げ，生徒指導上の諸問題の背景の理解を深める。

第1節　児童虐待の問題

❶ 児童虐待の定義

児童虐待は近年急増している。「令和4年度児童虐待相談件数」によると，相談件数は21万9170件で，前年度より1万1510件増え，過去最多となっている（**図7-1**）。

第 1 節　児童虐待の問題

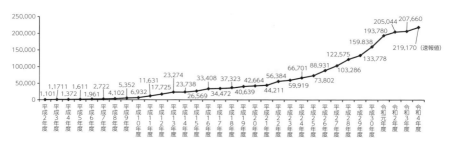

図 7-1　児童相談所における児童虐待相談件数（子ども家庭庁，2023）

児童虐待の防止等に関する法律（2000）では，児童虐待の定義を次の4つに分類している（各定義の説明は筆者による加筆あり）。

---

(1) **身体的虐待**：児童の身体に外傷が生じ，又は生じるおそれのある暴行を加えることである。例えば，殴る，蹴る，投げ落とす，熱湯をかける，溺れさせるなどの行為である。

(2) **性的虐待**：児童にわいせつな行為をすること又は児童をしてわいせつな行為をさせることである。例えば，子どもへの性的行為，性的行為をみせる，性器を触る又は触らせる，ポルノグラフィの被写体にするなどの行為である。

(3) **ネグレクト**：児童の心身の正常な発達を妨げるような著しい減食又は長時間の放置，保護者以外の同居人による同様の行為，その他の保護者としての監護を著しく怠ることである。具体的には，一人で長時間放置したり，成長に不可欠な食物を与えなかったりする「身体的ネグレクト」，予防接種や病気の治療を受けさせない「医療的ネグレクト」，情緒的支援をしない「情緒的ネグレクト」，学校へ入学させない，出席させない「教育的ネグレクト」，などの行為である（厚生労働省，2020）。

(4) **心理的虐待**：児童に対する著しい暴言又は著しく拒絶的な対応，児童が同居する家庭における配偶者に対する暴力その他の児童に著しい心理的外傷を与える言動を行うことである。例えば，言葉による脅し，無視，きょうだい間での差別的扱いをする，子どもの目の前で家族に対して暴力をふるう（面前DV），などの行為である。

❷ 児童虐待防止法における通告義務

　同法第6条によると，「児童虐待を受けたと思われる児童を発見した者は，速やかに，市町村や都道府県の設置する福祉事務所や児童相談所に通告しなければならない」とされている。通告は，虐待の確証がなくても行うことができ，守秘義務違反にあたらないため，ためらわずに通告することが求められている。

　しかし実際には通告がされない，あるいは遅れてしまうケースが存在する。その理由として兼田（2006）は，虐待する親に黙っての通告は，「密告」するような錯覚に陥るのではないかと推測している。児童虐待の通告は，告げ口ではなく子どもを守るために行うもの，といった社会的合意が必要である。

　学校内で虐待が疑われるパターンとしては，子どもが「家で足をぶつけた」という理由で保健室に来室した際，けがの説明が二転三転し，最終的には母親から虐待を受けていたことがわかったケース，定期健診で体重減少が見られ，話を聴くと家で食事が用意されていなかったケースなど，保健室で身体的不調を訴えてきた際に発見されることがあり，些細な子どもの変化に日頃から注意を払う必要がある（文部科学省，2007）。また，通告にかかわるさまざまな情報については，傷がある場合は症状や大きさがわかるようにイラスト等で残したり，児童生徒の発言内容には解釈を入れたり要約をしたりせずにそのまま書き写すなど，後の資料となるよう正確に記録に残す対応が求められる。

　虐待の通告を受けた児童相談所は，次のような手順で子どもの安全を確保する。

(1) 緊急受理会議を開催し，当面の対応措置，方針を検討する。
(2) 調査にあたっては，子どもの安否や健康状態，生活状況，保護者の状況，家族環境，地域の状況を，原則として複数の職員で把握する。
(3) 情報収集には，関係機関に守秘義務が課せられている「要保護児童対策地域協議会」を活用する。
(4) 保護者及び子どもに面接し，子どもの安全確認を行う。

なお，2007年からは，通告を受理してから子どもの安全確認までに，原則"48時間"というルールが設定されている（児童虐待問題研究会，2018）。

❸ 児童虐待へのチームとしての対応

生徒指導提要（文部科学省，2022）によると，児童虐待に対応する際，校内のチーム体制の充実が不可欠であるが，児童生徒の見守り，状況への変化の対応，保護者への対応など学校が組織として取り組むべきことが多いため，SCやSSW等を交えた体制を確立し，学校内および関係機関を交えた丁寧なアセスメントによる適切な支援が求められるという。

実際に，学校現場でどのように対応するべきかというポイントについて，個別の対応，集団への対応の2点に分けて説明する。

(1) 個別の対応

被虐待児に対しては，トラウマインフォームドケアを心がけることが必要である。トラウマインフォームドケアとは，「子どもと支援者が，過去に子どもに起こった出来事（被虐待というトラウマ体験）が，子どもの心身の状態や行動にどのような影響を与えるかについての理解を共有し，子どもの安全感や自己コントロール感を高め，支援者の自己効力感を支える支援体制」である（中村・瀧野，2015）。トラウマに関連する一般的な知識をもつとともに，現在の子どもの情緒面や行動上の問題がトラウマ反応（虐待）に起因するものであるとの視点を共有することができるような支援システムを構築することにより，子ども自身は自己理解を深め，自分の身に生じているさまざまなトラウマ反応への気づきが高まる。一方職員側も，子どもの攻撃的な言動や容易に回復しない情緒行動上の問題に対する自責感や無力感から解放され，心身の安全感を回復することができる。そして，両者が協力することによって，子どもは自己コントロール力を回復し，自らの感情や行動を制御することができるようになることでエンパワメントされるようになる（浅野ら，2016）。

例えば，被虐待児が自身の体験について「話したくない」「自分が悪いから」

と頑なに心を閉ざすことに対し，教員は自分が助けることのできない頼りなさや無力さを感じてしまうケースがある。このような場合，担任1人で抱え込むのではなく，「大変な経験をしてきたんだね」と被虐待児に対して気持ちに寄り添う言葉をかけた上で，必要に応じて養護教諭や他専門家にその後の対応をゆだねることも必要となるだろう。

　続いて，被虐待児の保護者に対しては，日頃の家庭での子どもの様子を聴くことを中心にして，何かを責めたり，追及するような姿勢にならないよう注意する。そして，教育相談で解決が困難と思われる場合は，近隣の専門相談機関を紹介することもまた必要である。

　例えば，子育てに関する教育相談において，「たたくことがあたりまえだ」という保護者がいる場合，「たたかない子育ても上手な子育ての一つとしてあるんですよ」といった会話を通して，価値観を望ましい方向へと変えていく方法がある（兼田，2006）。最終的には，しつけと虐待の違いについての理解が進むことが重要である。しつけとは，子どもの欲求や理解度に配慮しながら，基本的な生活習慣・生活能力・他人への思いやりや社会のルール・マナーなどを身につけるように働きかけることであり，子どもの人権を無視し，暴力で，親に従わせようとすることではない。自分はしつけと考えている，ではなく，子どもにとって有害かどうか，という視点で判断する必要があるだろう（児童虐待問題研究会，2018）。

　なお，要支援家庭については，「市区町村子ども家庭総合支援拠点」や「子育て世代包括支援センター」等と連携して対応することが望ましい。

(2) 集団への対応

　子どもに対して，虐待防止の授業を行うことは有効な方法の1つである。具体的には，CAPプログラムの実施が考えられる（兼田，2006）。CAPとは，Child　Assault Prevention の頭文字をとったものであり，「エンパワメント」「人権意識」「コミュニティ」の3つの考え方を中心とした，子どもへの暴力防止と人権教育プログラムである。参加者が自分で考え，意見を述べたり，ロールプレイをしながら活動するワークショップ形式をとる。虐待のテーマは，授

業で直接的に扱うのはむずかしいかもしれないが，人権教育の一つとしてチャレンジしてみるのもよいだろう。

　さらに教員に対して，校内研修で虐待防止に関する研修教材を活用した事例検討を行い，対応策を蓄積させることも，児童虐待の増加や深刻化を防ぐことにつながるのではないかと考えられる。まずは教員自身が適切な知識・技能を身に付けることで，児童虐待の疑いのある事例に接した場合に，速やかに適切な機関との連携ができる体制を整えておくことが必要であろう。

第2節　子どもの自殺の現状と対応

❶ 現代の子どもの自殺の現状

　小・中・高校生の自殺者数は1993年に200人程度であったが，その後，多少増減するものの一貫して増加傾向にあり，2023年は513人となった（厚生労働省，2024）。現状を受けて文部科学省（2009）は自殺の問題に正面から取り組む必要があるとし，子どもの自殺に対する取組を本格的に実施する必要性を指摘している。このことは生徒指導提要（文部科学省，2022）でも同様の指摘がなされている。

❷ 子どもの自殺に対する対応の段階

　自殺が生じると，直前に起きた出来事が自殺の原因であると解釈される傾向にあるが，自殺の背景にはさまざまな要因が関与しており，この状態が長期間にわたって固定化していき，自殺の引き金となる直接の契機はむしろごく些細なものである場合が圧倒的に多い（厚生労働省，2007）。このことから自殺を防ぐには，段階に応じた対応が必要と考えられる。つまり，自殺を未然に防ぐ「予防活動」，自殺の危険にいち早く気づき対処する「危機介入」（文部科学省，2022）により，子どもの自殺防止に有効な取組みとすることが求められている。

107

第7章　現代の子どもを取り巻く問題

❸ 予防活動

　自殺の予防活動は，自殺の危険の高まりの早期発見と自殺予防教育などであり，その骨子は子どもの「心の危機に気付くこと」である。

(1) 自殺の危険の高まりの早期発見

　自殺の危険の高まりの早期発見に有効な対応には，アンケート，健康観察等によるスクリーニングなどがある（文部科学省，2022）。助けを求めることができる状態であれば，アンケートの実施により自殺の危険の早期発見が可能である。ただし，配慮すべきこととして，

① 　SOS が発見されたときに必ず対応すること

② 　子どもとの信頼関係の構築

がある。①を行わない場合，助けを求めても何もしてもらえないと子どもは絶望することが考えられる。②が十分でなければ，子どもは SOS を出すのをためらってしまう。これらのことから，子どもの相談に対する教師の姿勢や子どもとの信頼関係の構築が重要といえる。

　また，自殺の危険が高まっても助けを求められない状態にある子どもは，アンケートでの発見がむずかしい。このような子どもに対しては，健康観察等によるスクリーニングの活用が考えられる。自殺直前のサインの一つに不眠，食欲不振，体重減少（文部科学省，2009）があり，子どもの健康面の変化を捉えることができる健康観察等によるスクリーニングとアンケート，日常の教師の観察を組み合わせることで，助けを求められない状態にある子どもの自殺の危険の発見につなげることが考えられる。

　このような対応が実質化されるには，日常の教師の丁寧なかかわりによる子ども理解が重要である。心の危機の叫びとして発せられる自殺のサインに気付くには，表面的な言動だけにとらわれず，笑顔の奥にある絶望を見抜く必要がある（文部科学省，2022）。また，自殺直前のサインには，成績が急に落ちる，いつもなら楽々できるような課題が達成できない，身だしなみを気にしなくなる，行動，性格，身なりが突然変化するなど，子どもではそれほどめずらしく

ないものがあり，総合的に判断することが重要である（文部科学省，2009）。つまり，助けを求められない状態にある子どもの自殺の危険を発見するには，健康観察等によるスクリーニングなどの子どもの変化に注目した SOS に気付こうとする取組みと日常のていねいなかかわりによる子ども理解を深めようとする不断の姿勢が教職員に求められているといえる。

(2) 学校における自殺予防教育

　自殺を話題にすると，危険性のない子まで自殺に追いやってしまうという議論がある一方で，子どもはさまざまなところから自殺に関する多くの情報，しかも大部分は誤った情報を得ており，自殺の危険とその対応について正しい知識を子どもに与える必要がある（文部科学省，2014）。このことから自殺予防教育の実施が求められている。自殺予防教育の目標は，子どもに「自他の心の危機に気付く力」と「相談する力」（文部科学省，2022）を育成することで，これらの力は，子ども時代の自殺予防だけでなく，一生にわたる心の健康につながる基本的な態度とされている（文部科学省，2014）。

　自らの心の危機だけでなく，「自他の心の危機に気付く」ことが目標とされている背景には，子どもは自殺の危険が高まったとき，親や教師ではなく同世代の友人に，その絶望的な気持ちを打ち明ける例が圧倒的に多く（文部科学省，2014），適切に助けを求められないのは個人だけの問題ではなく，助けを受け止め支えることのできない環境との関係で生じること（本田，2015）がある。

　これらのことから，「相談する力」には周囲の「心の危機に気付く」といった助けを受け止め支える環境などの援助関係が成立することがきわめて重要といえる。原田ら（2019）は自殺に結びつくような深刻な問題は，生徒だけで自己解決できることは少ないとしており，援助関係が成立し自殺予防に結び付くには，状況に応じて大人につなげる必要がある。つまり，自殺予防教育では，「助けて」を受けとめた友人間から大人への相談を，状況に応じて選択できることが重要といえる。困難を抱える友人に気付き，声をかけ，必要な際には信頼できる大人につなげていくためのスキルが高まるなどの効果が示された，小学校高学年の学級を対象とした自殺予防教育が行われている（**表 7-1**）。

第 7 章　現代の子どもを取り巻く問題

表 7-1　小学生に対する援助要請に焦点を当てた自殺予防教育 (新井・余川, 2022)

授業のねらい	概要
(1)「助けられ上手・助け上手」になることの大切さを学ぶ	●小学生が抱えやすい不安や悩みの例を取り上げて説明しつつ，日々の生活の中で「誰でも心が苦しくなることがある」との前提を確認する。 ●授業前の簡易アンケートの集計結果に基づき，困った時に誰に相談するか否か，相談するとしたら誰に相談することが多いか等，学年全体でどのような傾向にあったかを確認・共有する。 ●何かで悩んだり困ったりした時には，一人ひとりが「助けて」と言えるこころ（考え方）とスキルをもつことと同時に，友達の「助けて」に気付き，助けてあげられるクラスづくりの両方が大切であることを確認し，プログラムで学ぶ内容の説明を行う。
(2)「助けられ上手」になるためのこころとスキルを学ぶ	●「相談するのは恥ずかしい」「相談しても無駄だと思う」など，友達や教師，保護者等に援助を求める際に不安や抵抗感が生じる場合もあることを確認する。その上で，困っている時ほど援助を求めやすくなるようなこころ（考え方）を持つことが大切であることを説明し，「助けられ上手」になるためには具体的にどのようなこころ（考え方）を持てばよいのかについて学ぶ。 ●自分自身が何かで悩んだり困ったりした時に必要な「助けられ上手」になるための 3 つのステップのスキル（①相談できそうな相手を選ぶ，②相手にどのような方法で相談するかを考える，③実際に行動に移す）を具体的に学ぶ。 ●地域の子ども用の電話相談・LINE 相談窓口を確認する。

❹ 危機介入

(1) 対応の原則

　子どもから「死にたい」と訴えられたり，自殺の危険の高まった子どもに出会ったとき，教師自身が不安になったり，その気持ちを否定したくなって「大丈夫，がんばれば元気になる」などと安易に励ましたり，「死ぬなんて馬鹿なことを考えるな」などと叱ったりしがちであるが，それでは開きはじめた心が閉ざされる（文部科学省，2009）。対応としては，以下の TALK の原則が重要である（文部科学省，2022）。

① 　Tell：心配していることを言葉に出して伝える

② 　Ask：死にたいと思うほどつらい気持ちの背景にあるものについて尋ねる

③ 　Listen：絶望的な気持ちを傾聴する。話をそらしたり，叱責や助言などを

したりせずに訴えに真剣に耳を傾ける

④　Keep safe：安全確保。一人で抱え込まず連携して適切な援助を行う

(2) 自殺未遂への対応

　自殺未遂が校内で発生した場合は，当該児童生徒の状態を確認し，救命措置及び安全確保を最優先で行い，病院に搬送する際には，学級担任や養護教諭などが救急車に同乗するとともに，随時，学校へ状況報告を行う（文部科学省，2022）。このような事態においては，校長，学年主任，養護教諭等への報告，保護者への速やかな連絡，現場を目撃した児童生徒への心のケア，「危機対応チーム」の招集などを行い，チームで対応することが重要となる。「危機対応チーム」では，以下のことを行う（文部科学省，2009）。

- 当該児童生徒の状況把握
- 自殺の危険性についての協議
- 影響を受ける可能性のある子どものリストアップ
- 保護者との連携（情報共有と相談）
- 外部への対応の一本化
- 具体的対応策の決定（関係教職員の役割確認，必要に応じて学校医や医療機関との連携などを含む）

　問題を一人で抱えこむのではなく，チームとして多くの教職員が組織的にかかわることで，柔軟な対応が可能となる。

第3節　子どもの身近に潜むインターネット・携帯電話にかかわる問題

❶ インターネット・携帯電話にかかわる問題

　現代の子どもたちにとって，インターネットに接続してパソコン，携帯電話やゲーム端末などを活用したオンライン上でのやり取りは，身近に行えるよう

になっている。インターネットの利用率は年々上昇し，子ども家庭庁（2024）の調査によると，小学生（10歳以上）の98.2％，中学生の98.6％，高校生の99.6％がインターネットを利用していると回答しており，GIGAスクールによって，学校から配付・指定されたパソコンやタブレットを活用して，インターネットに接続する割合が急激に増加している（図7-2）。また，児童期の子どもだけでなく，インターネット利用の低年齢化も指摘されており，わずか2歳の子どもで約6割，5歳で約8割もの子どもがインターネットを利用していると答えている。子どもたちにとって，インターネットを利用して動画を視聴したり，画像を検索したりすることがより身近になってきている。一方で，子どもが出会い系サイトなどを通じて被害者になることや，インターネット上でのいじめの問題，インターネットゲームへの依存の問題などが，大きな社会問題となっている（子ども家庭庁，2024）。それらのインターネットや携帯電話・ゲーム依存などの問題についての対処が求められている。

(1) ネットによる犯罪の問題

インターネットでは，匿名で情報を発信したり，受信・閲覧したりできるため，子どもたちの中にはリアルの生活では行わないような，好ましくない行為を行ったり，犯罪行為に巻き込まれたりする可能性がある。特に，インターネットの拡散性が高く，インターネット上に投稿された情報は，一度発信される

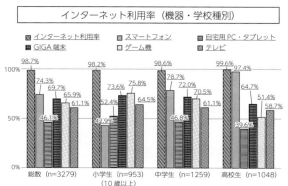

図7-2　機器・学校種別インターネット利用率（子ども家庭庁，2024）

と瞬時に広がり，削除することができないので，「デジタルタトゥー」と呼ばれている。また，交際していた相手のプライベートな写真を，別れた腹いせにインターネット上で拡散する等のトラブルは「リベンジポルノ」と呼ばれ，子どもたちの将来に影響を与える問題に発展しうる。SNS や動画共有アプリのコメント欄などは，匿名で書き込めるため，特定の相手に対して誹謗中傷が行われ，炎上したり，個人情報が拡散されたりすることがあり，発信には責任を伴うことを理解した上で利用することが求められている。

　それらの問題に対処するため，平成20年に「青少年が安全に安心してインターネットを利用できる環境の整備等に関する法律」が成立した。保護者には，子どものインターネットの利用を適切に管理することなどが求められ，18歳未満の青少年が携帯電話を利用する場合は，保護者と携帯電話インターネット接続事業者は，フィルタリング利用を条件としなければならないことが定められている（文部科学省，2022）。児童買春その他の犯罪から児童生徒を保護する目的で，平成15年に制定され平成20年に改正された「インターネット異性紹介事業を利用して児童を誘引する行為の規制等に関する法律」では，年少者による利用の禁止が明示され，年少者でないことの確認が義務化された（文部科学省，2022）。これらの法律の整備により，一定程度の成果がみられる一方で，依然としてネットにかかわる問題の解決にはいたっていない。子どもたちや身近にいる大人が適切な使い方を常に啓発していくことが求められている。

(2) ネットによるいじめの問題

　インターネット上のいじめ（主に SNS を利用したもの）問題が深刻化している。学校全体のいじめ発生件数は増加傾向にあるが，ネット上のいじめの発生の構成比（いじめの認知件数に対する割合）でみると，小学校では1.8％，中学校では10.2％と増加し，高等学校の割合は16.5％とさらに増加している（文部科学省，2023）。インターネットを利用したいじめは学年が上がるほど増加していく傾向があり，学校裏サイトやブログ，SNS などのさまざまな形態で深刻化しており，教師や大人が表面上では認知がむずかしくなっている。学校では，インターネットの使い方と同時に，ネットワークの影の側面として，イ

ンターネットに潜む危険についての指導など，情報活用能力や情報モラル教育の充実が求められる。同時に，人権感覚を身につけさせることや市民性を育てるなどの，対面上やネットワーク上に関係なくいじめ問題についての指導を充実することが求められる。

(3) ネット・ゲーム依存の問題

　ネット依存は，生活上においてインターネットの使用の制御が困難となり，問題があるにもかかわらずインターネットの使用を止めることができなくなる状態である。インターネット依存傾向についての調査（国立成育医療研究センター，2023）では，調査を実施した約半数にあたる51.3％の子ども（小学5年生〜高校2年生対象）がインターネットを過剰に使用していると回答している。さらに，約5人に1人にあたる19.8％の子どもにインターネット依存が強く疑われる状態に該当する調査結果となっている。

　インターネットだけでなく，ゲーム依存の問題も深刻でありWHO（世界保健機関）による国際疾病分類の「ICD-11」では，ゲーム依存が「ゲーム障害」の病名で依存症分野に加わり社会的問題となっている（WHO，2019）。ネット・ゲーム依存傾向のある子どもは，成績低下や居眠り，遅刻，友人とのトラブルなど，学校生活上の問題として顕在化することもあり，教師からの再三の注意にもかかわらず問題行動が直らないこともある。それらの問題行動の背景に，インターネット依存の問題がないか一つの可能性として考慮する必要がある。また，依存の背景要因には，学校生活がうまくいかないことや学業不振などにより，逃避行動としてネット・ゲームにはまるケースも多数報告されている。問題の対処には，依存傾向のあるネットやゲームの使用ルールを定め，守るように訴えることも重要だが，その背景にある，子どもたちが抱えている問題に目を向けて対応していくことが求められている。

❷ 学校における対応の方向性について

(1) インターネットの問題の学校における組織的取組み

　インターネットの問題は，起きてしまうと完全な解決はむずかしく，情報が

瞬時に拡散されてしまうため，特に未然防止対策を重視した体制の構築が求められる。まず，インターネットの問題に対処するための組織体制を確認し，児童生徒のインターネット利用の実態把握のためのアンケート調査を実施する。それに基づいて，全校職員で情報を共有し対応策について協議していく必要がある。ネット利用は家庭での使用時間が長いため，家庭と協力しながらルールを定めたり，子どもたち自身にルールを考えさせたりするなど，一方的な指導を行うだけでなく現実的な問題として子ども自身に考えさせることが必要となる。

(2) インターネットの問題の未然防止・早期発見

　インターネットの問題を未然に防ぐため，定期的な講演や授業だけでなく，教育活動全体を横断して，情報活用リテラシーも含めた未然防止策に取り組むことが必要となる。また，SNS等で学校外の不特定多数を巻き込んでいる事案や，法に触れてしまっている事案など，子ども自身に，インターネットが広く社会全体とつながり，法律によって罰せられる可能性があることを理解させなければならない。さらに，フィルタリング機能や，機能制限などを適宜活用しながら，問題に関与しない，巻き込まれないような対応策が必要であり，児童生徒が，学級・ホームルームや児童会・生徒会等で議論しながら主体的にルールを定めることも重要である。

(3) インターネットの問題の適切な対処

　インターネット上で問題が発生してしまった場合は，早急に問題の把握と被害に合っている児童生徒への対処を最優先とする。まず，問題が発覚，また相談があった場合は，次の3点を考慮しながら進めていくこととなる。

①法的な対応が必要かどうか

②学校における指導・対処が必要かどうか

③家庭への支援・連携が必要かどうか

　特に①については，法的な対応が必要になる場合，警察などの外部機関とも連携しながら早急な対応が求められる。どのような場合においても，個人で対応できることには限りがあるため，問題が発覚した時点で速やかに校内で共有し対応策について協議していく組織的対応が求められている。

column
8   生徒指導のむずかしさ

　生徒指導上の問題は，対象の子どもへの対応や関係調整だけで解決することはない。同様にいじめや不登校の問題についても，学級の状態や保護者とのかかわりなども踏まえた上で対応する必要があるところに，むずかしさがある。

1．いじめの問題への対応

　いじめは，教師の見えない形や，学級の仲間にもわからない形で行われることが多く，また「じゃれているだけ」「遊んでいるだけ」など，いじめとわかりにくい形で行われることも多々ある。したがって，教師や周囲の大人がいじめの発生や現状を早期に認識することはむずかしい。その上，現代型のいじめは被害を受ける可能性の高い子どもが特定されにくく，いじめのターゲットも定期的にかわる特徴が見られる。現代型のいじめが起こりやすい学級の集団の状況としては，①休み時間に小集団で固まっていることが多い，②座席は好きなもの同士がいいと言い張る子が多い，③違う集団の子が活動班の中にいると活動量が低下する，④小集団内でヒソヒソ話をしている子が多い，⑤小集団同士で対立することがたびたび見られる，⑥小集団のリーダー格の子がいじめの対象になる，という6つの特徴が挙げられている（河村，2006）。

　以上のような視点をもって学級の状況をいち早くつかむことで，いじめの問題が悪化する前に早期に対応することができるようになる。また，いじめの起きにくい学級づくりを行い，いじめの予防につなげていくことが重要である。

　さらに，いじめの問題が起きた場合には，加害者の保護者への報告が不可欠である。実際に，被害者と加害者の関係が明確な場合であっても，加害者側の子どもの他責傾向が強いために，自らの非を認めない場合もある。そのような状況の中で教師が保護者に説明をした場合，わが子の非を認めず教師との関係が悪化して教師の指導を問題視するなど，悪循環に陥ってしまう可能性がある。

河村 (2006) は，子どもの問題行動を認めない保護者の傾向として以下の3つのタイプを挙げている。

---

(1) 子どもが家庭で見せるいい子の顔との落差が大きく，とても信じられないというタイプ。子どもがいい子だった場合に受容するという傾向の可能性がある。
(2) 親心として子どもを守ろうとする気持ちが強すぎて，また，子どもを信じることが親だという意識が強すぎて，わが子の非に薄々気づきながらも認めたくないというタイプ。過保護・過干渉傾向の可能性がある。
(3) わが子の評価が，保護者である自分の評価のように感じてしまい，自分自身を守るためにわが子の非を頑なに認めないタイプ。保護者自身が大人になれていない可能性がある。

以上のような状況も踏まえながら，いじめの問題に対応していくことが必要である。いじめをしている加害者の非を責めるのではなく，加害者の子どもの行動に注目し，その行動を改善することがその子どもの成長につながっていくという前向きな視点で話し合い，問題の解決に向かう姿勢が肝要となる。

2．不登校問題への対応のむずかしさ

不登校の問題は，学校・家庭・本人などの要因が複合しており，通り一遍の対応で解決する問題ではない。ある子どもには効果的だった対応が，別の子どもにとっては状況を悪化させてしまうことも考えられるため，担任としては熟慮が必要となる。そして不登校の問題で最も不安な気持ちを抱えているのはその子どもの保護者であり，誰よりも対応について悩んでいるものである。不登校の問題における早期の保護者への対応のポイントとして，①保護者の不安の受容・ねぎらい，②保護者の願い（要求，クレームという形できたものも含む）の聞き取りと整理，③学校側で具体的に支援できることの説明，④学校側と保護者側が協働するための確認，が挙げられている（河村，2006）。不登校の問題は，子どもに寄り添うだけでなく，保護者にも寄り添いながら，より適した方法を選択していく必要がある。

第8章

不登校の理解と対応

第1節　不登校の定義と現状

❶ 不登校の定義と基本指針の変遷

　生徒指導提要によると，不登校は「何らかの心理的，情緒的，身体的あるいは社会的要因・背景により，登校しない，あるいはしたくともできない状況にあるため年間30日以上欠席した者のうち，病気や経済的な理由による者を除いたもの」と定義される（文部科学省，2022）。

⑴ 不登校問題の捉え方の推移

　わが国で不登校が問題となり始めたのは1960年頃で，当初は学校に行けない児童生徒の状態は「学校恐怖症」と呼ばれ，神経症論（分離不安説や自己脅威説など）に基づく捉え方をされていた。

　その後，学校に行けない児童生徒が増加し，個人の特性や生育環境の要因だけではなく，学校が子どもの実態に十分に対応できていないことを原因とする教育問題（学校病理説）として注目され始め，呼称は「登校拒否」へと変化した。

118

第1節　不登校の定義と現状

子どもの数が減少に転じた1980年代後半に入っても不登校の数が増え続け，
文部省は1992年に「不登校は誰にでもおこりうるもの」と捉えることの必要性を発表し，生徒指導上の問題としての深刻さを表明した。「やみくもに登校刺激を与えるのではなく，待つことが大切」ということが強調された。この頃，子どもが学校に登校していないという状態を捉える用語として，「登校拒否」から「不登校」という用語が使用され始めた。

その後，不登校の数がさらに増加すると同時に，背景要因もますます多様化・複雑化してきた。心因性だけではなく，遊びや非行によるもの，さらに特別支援教育が推進されてきた2000年代後半からは，発達障害などの困難を抱えて対人関係や学習につまずくことが不登校の要因となっていることも指摘されてきた。不登校児童生徒数の年代的推移（文部科学省，2023）を図8-1に示す。

不登校児童生徒数の年代的推移は，新型コロナ感染症への対応が始まるまでは，この30年間緩やかに増減してきた。

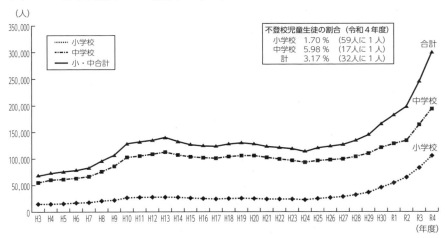

図8-1　不登校児童生徒数の推移のグラフ（文部科学省，2023）

(2) 不登校の現状

2019年に発生した新型コロナウイルス感染症（COVID-19）は，2020年に入り世界中で感染が拡大し，8月時点で感染者数は累計6億人を超え，世界的流

第8章　不登校の理解と対応

行（パンデミック）となった。わが国では3月2日から政府の要請により全国の一斉臨時休業が行われ，その後春季休業を経て，4月には政府の緊急事態宣言が行われ，大部分の学校が5月末までの臨時休業を行った。文部科学省は「新型コロナウイルス感染症に対応した持続的な学校運営のためのガイドライン」（2020年6月5日事務次官通知）で学校運営の指針を示した。対面の活動が抑制され，学校行事やイベントが中止されたり，特別活動等が縮小したのである。

　2020年からの自粛が3年目となった2022年度の小中学校における不登校の児童生徒数は10年連続で増加し，30万人に迫る29万9048人で過去最多となった（文部科学省，2023）。小学生の不登校は10年前の約5倍，中学生は約2倍に増加した。

　さらに，病気などによる長期欠席者を含むと，46万648人（全体の約5％）の小中学生が年度内に30日以上，学校に行っていない。かつ，学校外の機関等で相談・指導等を受けたり，自宅でICT等を活用した学習活動をし，指導要録上出席扱いとされた児童生徒数も，約3万3,000人を超えている。

　この状況にいたった要因として，新型コロナ感染予防の自粛の3年間の影響，例えば，クラスメイトや教師とのコミュニケーションに制限がかかり，児童生徒の生活リズムが崩れ，友人関係の形成もむずかしくなり，学校への登校意欲が低下したり，学校を休むことへの抵抗感も社会全体に薄れてきたこと，などが考えられる。

　ただ，不登校児童生徒数の年代的推移をみると，不登校児童生徒数の大きな増加はすでに新型コロナ感染自粛の3年前から兆候がみられており，過去最高になった2022年度の不登校数は，コロナ自粛の単純な影響というよりも，それ以前から児童生徒に根ざしていた問題が，コロナ自粛を機会に表出してきた面も否定できないのである。

⑶ 不登校に関連する法規の成立

　不登校の児童生徒数が増加すると同時に，背景要因もますます多様化・複雑化してきた状況に対応するため，2016年に「義務教育の段階における普通教育

に相当する教育の機会の確保等に関する法律」（以下「教育機会確保法」）が成立した。さらに法律の施行に伴い翌2017年に文部科学省は，教育機会の確保等に関する施策を総合的に推進するため「義務教育の段階における普通教育に相当する教育の機会の確保等に関する基本指針」（以下「基本方針」）を策定した。

　基本方針では，不登校は取り巻く環境によっては，どの児童生徒にも起こりうるものとして捉え，不登校というだけで問題行動であると受け取られないよう配慮し，児童生徒の最善の利益を最優先に支援を行うことを重要としている。

　支援に際しては，登校という結果のみを目標にするのではなく，児童生徒が自らの進路を主体的に捉えて，社会的に自立することをめざす必要があることを指摘している。教育機会確保法の基本理念は次のようなものである。

教育機会確保法の基本理念（総則第3条）

一 全ての児童生徒が豊かな学校生活を送り，安心して教育を受けられるよう，学校における環境の確保が図られるようにすること。

二 不登校児童生徒が行う多様な学習活動の実情を踏まえ，個々の不登校児童生徒の状況に応じた必要な支援が行われるようにすること。

三 不登校児童生徒が安心して教育を十分に受けられるよう，学校における環境の整備が図られるようにすること。

四 義務教育の段階における普通教育に相当する教育を十分に受けていない者の意思を十分に尊重しつつ，その年齢又は国籍その他の置かれている事情にかかわりなく，その能力に応じた教育を受ける機会が確保されるようにするとともに，その者が，その教育を通じて，社会において自立的に生きる基礎を培い，豊かな人生を送ることができるよう，その教育水準の維持向上が図られるようにすること。

五 国，地方公共団体，教育機会の確保等に関する活動を行う民間の団体その他の関係者の相互の密接な連携の下に行われるようにすること。

　この理念の背景には，社会における「学びの場」としての学校の相対的な位

第8章　不登校の理解と対応

置付けの低下，学校に対する保護者・児童生徒自身の意識の変化等，社会全体の変化が影響していることが指摘され，不登校を教育の観点のみで捉えて対応することには限界があることを明言している。その上で，学校や教育関係者がいっそう充実した支援や家庭への働きかけ等を行うとともに，学校への支援体制を整備し，関係機関との連携協力等のネットワークによる支援の充実を図ることの重要性を強調している。

❷ 不登校の要因

⑴「無気力・不安」

　児童生徒数が年々減少している中で，不登校の小中学生はどちらも10年連続の増加を続け，30万人に迫っている。児童生徒たちが不登校にいたる要因も，ここ数年固定していて，過半数が「無気力・不安」である（文部科学省，2023）。

　「無気力・不安」は，実は不登校にいたる背景に複合的な要因が絡み合っており，「具体的な原因を特定することは難しい」と，文部科学省も指摘している。このような状況下で，学校現場でも不登校の子どもの対応・支援に苦慮することが少なくない。

　無気力型の不登校の児童生徒は，全体的に気力がなくなっており，学校でがんばる意味もわからず，がんばっても無駄だと思っている面があり，自分でも不登校の原因があいまいなことが多い。その背景には不安も関連しているのである。

　不安の強い児童生徒は，自分は友達ができないのではないか・うまく関係をつくれないのではないか，勉強についていけないのではないか，先生に叱られるのではないか，うまくできないとみんなにバカにされたりするのではないか，と考えすぎ，学校生活を常に緊張して送っていることが少なくない。「不安」とは目の前に具体的にある「恐怖」ではなく，これから何かよくないことが起こりそう，そのときに私はうまく対処できないだろう，と悲観的に思いつめている心情である。このような不安な気持ちは，学校が「安心できる場所」だと感じられていないことの表れでもある。

第1節　不登校の定義と現状

　「無気力・不安」が要因の不登校の児童生徒は，「学校で何か嫌なことがあった？」「いじめられたの？」と聞かれても，本人も具体的な要因があいまいな面があり，すぐに問題解決ができるような不適応ではなく，より根の深い発達に関する問題があることも考えられる。その支援には問題解決的なものだけではなく，発達支持的なものも必要となるだろう。

⑵ その他の要因

　不登校の要因は「無気力・不安」以外に，「生活リズムの乱れ，あそび，非行」「いじめを除く友人関係をめぐる問題」「親子の関わり方」「学業不振」「教職員との関係をめぐる問題」と多岐にわたっている（文部科学省，2023，図8-2）。

			不登校児童生徒数	学校に係る状況								家庭に係る状況			本人に係る状況		左記に該当なし
				いじめ	いじめを除く友人関係をめぐる問題	教職員との関係をめぐる問題	学業の不振	進路に係る不安	クラブ活動、部活動等への不適応	学校のきまり等をめぐる問題	入学、転編入学、進級時の不適応	家庭の生活環境の急激な変化	親子の関わり方	家庭内の不和	生活リズムの乱れ、あそび、非行	無気力、不安	
国公私計	小学校	主たるもの　　（人）	105,112	318	6,912	1,901	3,376	277	30	786	1,914	3,379	12,746	1,599	13,209	53,472	5,193
国公私計	小学校	主たるもの　　（%）	***	0.3	6.6	1.8	3.2	0.3	0.0	0.7	1.8	3.2	12.1	1.5	12.6	50.9	4.9
国公私計	小学校	主たるもの以外にも当てはまるもの（人）	***	146	3,848	1,477	7,068	348	36	810	1,021	2,002	12,038	1,835	9,042	9,992	***
国公私計	小学校	主たるもの以外にも当てはまるもの（%）	***	0.1	3.7	1.4	6.7	0.3	0.0	0.8	1.0	1.9	11.5	1.7	8.6	9.5	***
国公私計	中学校	主たるもの　　（人）	193,936	356	20,598	1,706	11,169	1,837	839	1,315	7,389	4,343	9,441	3,232	20,790	101,300	9,621
国公私計	中学校	主たるもの　　（%）	***	0.2	10.6	0.9	5.8	0.9	0.4	0.7	3.8	2.2	4.9	1.7	10.7	52.2	5.0
国公私計	中学校	主たるもの以外にも当てはまるもの（人）	***	134	8,189	1,435	14,097	2,592	1,127	1,285	2,959	2,465	10,654	3,195	11,608	16,481	***
国公私計	中学校	主たるもの以外にも当てはまるもの（%）	***	0.1	4.2	0.7	7.3	1.3	0.6	0.7	1.5	1.3	5.5	1.6	6.0	8.5	***
国公私計	小・中合計	主たるもの　　（人）	299,048	674	27,510	3,607	14,545	2,114	869	2,101	9,303	7,722	22,187	4,831	33,999	154,772	14,814
国公私計	小・中合計	主たるもの　　（%）	***	0.2	9.2	1.2	4.9	0.7	0.3	0.7	3.1	2.6	7.4	1.6	11.4	51.8	5.0
国公私計	小・中合計	主たるもの以外にも当てはまるもの（人）	***	280	12,037	2,912	21,165	2,940	1,163	2,095	3,980	4,467	22,692	5,030	20,650	26,473	***
国公私計	小・中合計	主たるもの以外にも当てはまるもの（%）	***	0.1	4.0	1.0	7.1	1.0	0.4	0.7	1.3	1.5	7.6	1.7	6.9	8.9	***

図8-2　不登校の要因（文部科学省，2023）

第 8 章　不登校の理解と対応

　不登校児童生徒に対する効果的な支援を行うためには，多様・複雑な不登校になる要因，例えば，不登校のきっかけや継続理由，当該児童生徒が学校以外の場において行っている学習活動の状況等について，多面的に，継続的に把握すること（アセスメント）が必要である（文部科学省，2017）。

　このような状況の問題のアセスメントの仕方に示唆を与えるのが，エンゲル（Engel, 1977）が提唱した「生物・心理・社会モデル（BPS モデル）」である。人間の疾病や不適応などの問題は，生物学的要因（Biomedical），心理学的要因（Psychological），社会的要因（Social）の 3 つの側面が相互に影響して現れてくる。この 3 つの側面の視点と，相互の関連から生起してくる問題をアセスメントすることが求められるのである。

　エンゲルが提唱した「生物・心理・社会モデル」で取り組んでいる具体例として，東京都教育委員会（2018, **表 8-1**）の取組みがある。身体・健康面が B,心理面が P，社会・環境面が S で，アセスメントの観点を学校現場に具体的に示しているのである。

表 8-1　「登校支援シート」におけるアセスメントの観点例（東京都教育委員会，2018）

身体・健康面	睡眠，食事・運動，疾患・体調不良，特別な教育的ニーズ
心理面	学力・学習，情緒，社交性・集団行動，自己有用感・自己肯定感，関心・意欲，過去の経験
社会・環境面	自動・生徒間の関係，教職員との関係，学校生活，家族関係・家庭背景，地域での人間関係

124

第 2 節　不登校への対応

　不登校は取り巻く環境によっては，どの児童生徒にも起こりうるものとして捉え，不登校というだけで問題行動であると受け取られないよう配慮し，個々の不登校児童生徒の状況に応じた必要な支援が行われることが求められる。支援に際しては，登校という結果のみを目標にするのではなく，児童生徒が自らの進路を主体的に捉えて，社会的に自立することをめざす必要があることを，生徒指導提要（文部科学省，2022）では強調している。

　どのような目的で行うかによって，不登校児童生徒への対応も異なってくる。生徒指導の重層的支援構造の考え方に従って，児童生徒の状況次第で，発達支持的，課題予防的（課題未然防止教育と課題早期発見），困難課題対応的（1次的援助，2次的援助，3次的援助のそれぞれに近似している）に，不登校児童生徒への対応の中心も異なるのである。不登校の重層的支援構造は，**図 8-3** のように整理される（文部科学省，2022）。

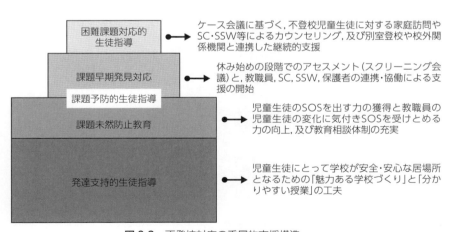

図 8-3　不登校対応の重層的支援構造

❶ 発達支持的な不登校対応「魅力ある学校づくり・学級づくり」

「無気力・不安」が要因の不登校の児童生徒は学校が「安心できる場所」だと感じられていない可能性が高く，すべての児童生徒にとって，学校，特に所属する学級・ホームルームが安全・安心な居場所となることが重要になる。

(1) 学級集団づくり

児童生徒たちが親和的で建設的な交流ができるような学級集団づくりは，発達支持的な不登校対応の中心になる。学級・ホームルーム内に，いじめや暴力行為などを許さない学級集団づくりを行うことはその最低限の取組みである。そして，児童生徒が，「自分にとって心の居場所になっている」「自分という存在が大事にされている・必要とされている」と実感できる学級・ホームルームづくりをめざすことが求められる。

児童生徒たちにとって最初は単なる「所属集団」であった学級集団が，生活・活動している中でクラスメイトとの親和的な人間関係が形成され，個人や集団全体に愛着や親しみを感じることができると，自らその集団に積極的にコミットしたいと考えるようになる。このとき児童生徒たちにとって学級集団は「準拠集団（reference group）」になっているのである。準拠集団とは愛着や居場所感をもち，自らその集団に所属したいと感じ，個人の価値観，信念，態度，行動などに強い影響を与える集団である。つまり，発達支持的な不登校対応の基盤となる学級集団づくりとは，児童生徒にとって学級が準拠集団と感じられるような状態に育成していくことである。

(2) わかる授業・面白い授業

学業の不振は不登校の原因の一つである。授業の内容がわからなかったり，興味関心がもてないと，学業不振に拍車をかける。無気力型の不登校児童生徒には特にその傾向が強い。

児童生徒一人一人の学習状況等を把握した上での「指導の個別化」や，児童生徒の興味・関心に応じた「学習の個性化」をめざして，個別最適な学びを実現できるような指導の工夫をすることは，児童生徒の学習の向上につながるだ

第2節 不登校への対応

けではなく，発達支持的な不登校対応にもなる。補足すると，指導の個別化とは，教師が授業内容を個々の児童生徒の理解度や特性に応じて，学習環境を整えたり，学習時間を設定したり，学習方法の選択肢を柔軟に用意したりすることである。学習の個性化とは，学習者が自分の興味関心のあるものを選んで学んだり，表現したりすることで，小・中学校の「総合的な学習の時間」や高等学校の「総合的な探究の時間」に，児童生徒一人一人が自分の興味関心に基づいて学習テーマを選び，探究的に学んでいくこともその例である。

❷ 課題予防的な不登校対応

(1) 課題未然防止教育

学校内で児童生徒の安心感を高める方法の一つとして，不安や悩みを気軽に相談できる体制をつくることも有効である。方法は2つの柱がある。

一つは児童生徒に，不安や悩みを抱えた場合に，人に話す・聴いてもらうという取組みの重要性を理解させ，自ら相談する意識を高め行動化を促すのである。他者と話すことでメタ認知が促され，不安や悩みについて建設的に思考することができ，その結果，問題解決する可能性が高まるのである。さらに，他者に話すことでカタルシス効果（不安や不満，怒りや悲しみなどネガティブな感情を口に出すと苦痛が緩和され安心感を得られる心理的メカニズム）が得られるのである。

もう一つは教師の相談力を向上させることである。児童生徒の心理状況を多面的に把握するための研修（事例検討会やその心理状態や適応感を可視化するツールの利活用の研修など）を定期的に行い，教師の意識性を高め，児童生徒理解の力量を高めるのである。その結果，授業や学級活動時における指導力が高まるとともに，不登校対応にもなる。

その一環として，児童生徒にとって敷居の低い相談窓口を設定する。例えば，児童生徒にとっては，担任教師との個別指導後の雑談，保健室で養護教諭と体のことから始まった雑談，部活動の顧問教師との話などである。さらに，子どものほうから話しかけてこない児童生徒とのコミュニケーションを物理的に確

保するため，定期的な個別面接を学校全体で設定するなどである。

⑵ 課題早期発見

　いじめ・不登校だけをチェックするだけではなく，学校生活のプラス面や，からかいなどの小さな困り感もキャッチできるように，観察法，面接法，調査法（第3章第2節参照）を積極的に活用するのである。面接法は⑴で取り上げたので，観察法と調査法を説明する。

　児童生徒の行動観察は，ポイントを定めた日常の様子を行い記録していくのである。例えば，よくからかわれている，休み時間に一人でいる，グループにいるけど楽しそうではない，授業中の誤答を笑われるなど，個人の心理面やクラスメイトとの人間関係の状況などである。事前に学校全体で項目を設定して記録していくと，各教師の得た情報を教員組織全体で統合しやすい。

　調査法の活用は，児童生徒の行動には表れにくい深層心理面や，対面での面接では聞きにくい内容などを，相対的に抵抗が少なく，系統的に質問することができる。例えば，Q-U（第3章第3節参照）によって，学級生活全体のウェルビーイング（Well-being）である満足感や，学校生活におけるいろいろな領域の意欲を理解することができるとともに，学級内の児童生徒全員の満足感の分布を把握することもできる。不登校の予防や早期対応に活用できるだけではなく，学級集団の状態に応じた授業やグループ活動の構成にも活用することを通して，⑴課題未然防止教育にもつながるのである。

　観察法，面接法，調査法のそれぞれの活用で得られた情報は，統合して三位一体で理解していくことが大事である。このような取組みが，児童生徒の学習指導や生徒指導全体を底上げしていく。その中で児童生徒の不登校などの問題につながる要因を早期発見し，教育活動を通した早期対応をしていくことにつながるのである。

❸ 困難課題対応的な不登校対応

　生徒指導提要（文部科学省，2022）と「不登校児童生徒への支援の在り方について（通知）」（同，2019）をもとに，対応についてのポイントを説明する。

⑴ 校内での組織対応

　対象の児童生徒個々の具体的な対応にあたっては，状況や支援ニーズについて日頃の状況を把握している学級・ホームルーム担任や養護教諭，生徒指導担当教諭や教育相談コーディネーター等，そして SC，SSW 等とケース会議においてアセスメントを行い，支援の目標や方向性，具体的な対応策などを検討し，チーム支援の体制を構築する。

　学校復帰の通過点として別室登校を行う際は，本人と学校の状況に応じて，別室として保健室や相談室，別室用の小部屋，また，図書室や校長室などが不登校児童生徒の居場所としている学校が多い。また，教室とは別の場所に校内教育支援センター（いわゆる校内適応指導教室）を設置し，学習支援や相談活動を行う学校もある。別室での支援としては，本人の状況に合わせたプリントや課題の準備，教職員やボランティア等による学習支援，SC，SSW による個別面談などがある。

　さらに，GIGA スクール構想の進展により，自宅や別室と教室をオンラインでつなぎ，授業や学級の様子を視聴できるようにする，ICT を活用した通信教育やオンライン教材で学習するなど，学校に登校できない児童生徒に対する学びを保障していくことも求められる。

⑵ 家庭訪問の実施

　児童生徒に欠席が続いたときには，電話だけでなく，教職員自身が家庭訪問を行うことも必要となる。目的は本人に安心を与えることである。本人と直接会えなくても保護者と話をしたり，持参したプリント類を置いてきたりするだけでも意味がある。児童生徒を「気にかけている」というメッセージを伝えることが安心につながるのである。なお，必要に応じて，関係機関等が連携したアウトリーチ支援や，保護者サポートも視野に入れた家庭教育支援を活用する

第8章　不登校の理解と対応

ことも大事である。

⑶ 校外の関係機関等との連携

　学校内の支援だけでは不十分なケースでは，教育センター相談室，教育支援センター，フリースクール，児童相談所，クリニックなど，その児童生徒に合った関係機関につなぐ支援が必要になる場合もある。また，関係機関だけでなく，不登校特例校や夜間中学など，児童生徒を多様な学びの場につなぐ支援も必要である。教職員や多職種の専門家，関係機関がチームを組み，役割分担をすることで，指導・援助の幅や可能性が広がるのである。

⑷ 家庭や保護者の支援

　不登校児童生徒への支援等に先立ち，その保護者と信頼関係を築くことも重要である。保護者は自分の子育てのあり方や児童生徒の将来について不安を抱えていることが多いからである。保護者に対する個別面談で不安や心配事を聴き取ることが，児童生徒へのかかわりを見直す契機となる場合もある。また，親の会や保護者同士の学習会を紹介するなど，保護者を支えることが，間接的に不登校の児童生徒への支援につながる。さらに，深刻な状況がある家庭への対応については，福祉・医療，司法などの関係機関につなぎ，情報提供やアウトリーチ型支援をしてもらうことも必要である。

⑸ 校種を越えた移行期における支援

　幼稚園・保育所・認定こども園，小学校，中学校，そして高等学校という校種間の移行期は，不登校児童生徒への支援においてもきわめて重要となる。下記のデータは，小学校と中学校との移行期で，不登校数が一気に増加していることを示している（**図8-4**）。児童生徒理解・支援シート等を活用したりして，それまでの支援が途切れることなく，校種を越えた切れ目のない支援の実現が求められるのである。

第2節 不登校への対応

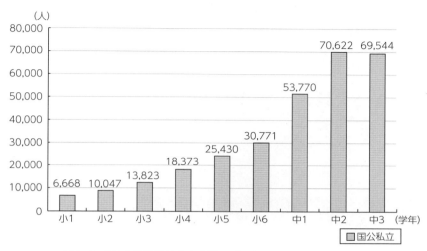

図 8-4 学年別不登校児童生徒数のグラフ（文部科学省，2023）

第9章

いじめの理解と対応

第1節　いじめの全般的動向

❶ いじめの定義

　1980年代後半に，子どもがいじめを苦に自殺する事件が相次ぎ，社会問題として取り上げられた。この事態を受けて文部省は昭和61（1986）年から，いじめを「①自分より弱い者に対して一方的に，②身体的・心理的な攻撃を継続的に加え，③相手が深刻な苦痛を感じているものであって，<u>学校としてその事実（関係児童生徒，いじめの内容）を確認しているもの。</u>なお起こった場所は学校の内外を問わない」と定義した。

　その後，平成6（1994）年には上記の下線部を削除し，さらに，「なお，個々の行為がいじめに当たるか否かの判断を表面的・形式的に行うことなく，いじめられた児童生徒の立場に立って行うこと（※）」という文言を追記している。

　近年では従来指摘されてきた，被害者が固定化する「弱い者いじめ」の構造

のみでなく，被害者と加害者が入れ替わるいじめも多く報告され，平成18
（2006）年からのいじめの定義は「①自分より弱い者に対して一方的に」の部
分が修正され，「当該児童生徒が，一定の人間関係のある者から，心理的，物
理的な攻撃を受けたことにより，精神的苦痛を感じているもの。なお，起こっ
た場所は学校の内外を問わない」と変更している（（※）部分は継続）。

　その後，「いじめ防止対策推進法」が平成25（2013）年6月に公布され，同
年9月に施行された。この法律は，いじめの防止等のための対策を総合的かつ
効果的に推進するため，基本理念を定め，国及び地方公共団体等の責務を明ら
かにし，並びにいじめの防止等のための対策に関する基本的な方針の策定につ
いて定めるとともに，いじめの防止等のための対策の基本となる事項を定める
ものである。

　これによると，「『いじめ』とは，児童等に対して，当該児童等が在籍する学
校に在籍している等当該児童等と一定の人的関係にある他の児童等が行う心理
的又は物理的な影響を与える行為（インターネットを通じて行われるものも含
む）であって，当該行為の対象となった児童等が心身の苦痛を感じているも
の」である。なお，「起こった場所は学校の内外を問わない」となる。

　以上のようにいじめの定義は幾多の変遷を経ており，いじめが捉えにくいも
のであることを示している。

　いじめ防止対策推進法に基づいて各学校では，いじめに関する学内での組織
対応を策定し，HP等で公開するなど，保護者や地域住民が確認できるように
し，またその内容を年度当初や入学時に児童生徒，保護者，関係機関に説明す
ることとしている。なお，いじめの認定は，特定の教職員によることなく，第
22条により「学校いじめ対策組織」を設置して行うこと，また第23条には
「いじめに対する措置」についての記載があり，学校全体でのいじめの防止・
早期発見と対処について取り組むことが求められている。

　さらに，平成29年3月には，「いじめ防止等のための基本的な方針」の改定
とともに「いじめの重大事態の調査に関するガイドライン」が策定され，令和
6年3月には改訂版も提起された。重大事態とは「いじめにより当該学校に在

籍する児童等の生命，心身又は財産に重大な被害が生じた疑いがあると認めるとき」「いじめにより当該学校に在籍する児童等が相当の期間学校を欠席することを余儀なくされている疑いがあると認めるとき」である。いじめを受ける児童生徒の状況に着目して判断することが重要であることを示している。

❷ 認知（発生）件数

　文部科学省の統計をもとにいじめの認知（発生）数を図9-1に示した。いじめ自殺事件が起こった昭和60（1985）年は，発生件数が多く，その後減少している。平成6（1994）年度からは調査法を改めたため，以前との単純な比較はできないが，平成5〜7（1993〜1995）年には再びいじめ自殺事件が報道され，いじめ自殺の連鎖が起こり，発生件数が増加している。その後，再び中学生のいじめ自殺が社会問題化し，報告対象を発生件数から認知件数に変更したため，平成8（2006）年には報告件数が急増している。さらに，平成25（2013）年からは高等学校に通信制課程を含めることとしたため，それまでとは比較できないが，全体的には認知件数が増加傾向にある。

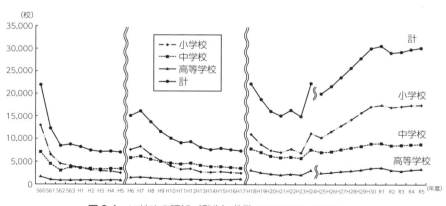

図9-1　いじめの認知（発生）件数（文部科学省，2024）

❸ 学年別いじめの認知件数

　学年別いじめの認知件数（図9-2）をみると，小学校2年生で増加するが，

第1節　いじめの全般的動向

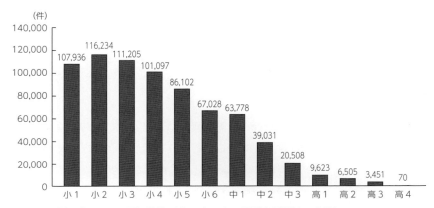

図9-2　学年別いじめの認知件数（小・中・高・特別支援学校の合計）（文部科学省，2024）

3年生以降は減少することが報告されている。いじめの様態では，小・中・高等学校ともに「冷やかしやからかい，悪口や脅し文句，嫌なことを言われる」が最も多く，ついで「軽くぶつかられたり，遊ぶふりをして叩かれたり，蹴られたりする」，その次に「仲間はずれ，集団による無視をされる」が多い。この3項目でいじめの様態の半数以上を占めることが特徴である。さらに，中学校，高等学校と年齢が上がるに従い，「パソコンや携帯電話等で，誹謗中傷や嫌なことをされる」の割合が高くなっている。

　なお，旧基本方針では「けんか」がいじめの定義から除かれていたが，現在はけんかにかかわる記述を改正（「けんかを除く」という記述を削除）している。つまり，以前は幼児期や児童期によく起こるきょうだいげんか，友達同士のけんか，いじわるやからかいなどを含むふざけ合いなど，人間が発達する過程におけるある程度のぶつかりあいは必要で，いじめとは捉えないという考えがあった。現在は，単なるけんかに見えても見えないところで被害が発生している場合もあることから，背景にある事情の調査を丁寧に行い，児童生徒の感じる被害性に着目して，いじめにあたるかを判断する必要がある。

第2節　いじめの実態調査

❶ いじめの発生率

　5万人の小・中学生を対象に行った調査研究（河村，2007）の結果によると，「長い期間いじめられている状態である」という質問にイエスと答えた子どもは，小学生で4％，中学生では2％であった。これは小学生では27人に1人，中学生では50人に1人の割合となる（**図9-3, 図9-4**）。いじめはあってはならない問題であるが，「どの学級でもいじめの発生する可能性はある」という意識で，未然防止，早期発見，適切な対応をすることが求められる。

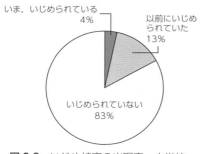
図9-3　いじめ被害の出現率・小学校
（河村，2007）

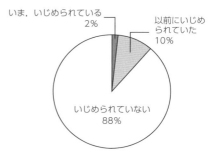
図9-4　いじめ被害の出現率・中学校
（河村，2007）

❷ 学級集団の状態によって大きく異なるいじめの出現率

　学級集団分析尺度「Q-U」を用い，子どもたちが所属している学級集団の状態をタイプ分けして，いじめ問題との関係を分析した（第3章第3節参照）。「親和型」「かたさ型」「ゆるみ型」の3つの学級集団において，子ども100人に対するいじめの出現率を比較した結果が**図9-5，図9-6**である。小学校，中学校ともに，学級集団の状態によっていじめの出現率が大きく異なることがわかる。

第2節　いじめの実態調査

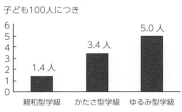

図 9-5　学級タイプ別にみたいじめの出現率・小学生 (河村, 2007)

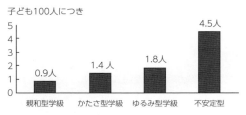

図 9-6　学級タイプ別にみたいじめの出現率・中学生 (河村, 2007)

　小中学校ともに「ゆるみ型」学級集団のいじめの出現率の高さは注目に値する。「親和型」の出現率を1とすると、「ゆるみ型」学級集団は中学校で2倍、小学校では約3.6倍の出現率となっている。中学校ではさらに、「不安定な要素をもった／荒れの見られる学級集団」（以下、不安定型）についても検討している。

　「不安定型」では学級のマイナス面が現れ、教師の指導が功を奏さなくなり、子ども同士が互いに傷つけ合う行動が目立ち始める。「親和型」のいじめの出現率の5倍となる。学級集団が崩れ始めると、あっという間にいじめ被害やトラブルの温床となっていくことが予測できる。

　この結果から次のことが示唆される。

> ● どのような学級集団でもいじめは発生する可能性があるので、教師はその発生を未然に防ぐべく、予防的な対応を常にする必要がある
> ● 学級集団の状態によっていじめの発生率は大きく異なるので、教師は学級集団の状態を把握し、学級全体にアプローチすることが求められる

❸ いじめられている子どもの多くは教師に気づかれていない

　いじめを受けている子どもたちについて、担任教師が何らかの形で"配慮を必要とする子ども"と捉えていたかについて調査した結果が、次ページの図9-7、図9-8である。この結果から、実際にいじめを受けている子どものうち、小学校では約半数、中学校でも約3分の1は、担任教師に見過ごされていたこ

とがわかる。

さらに、その見過ごしの度合いは、学級集団の状態によって大きく異なる（**図9-9，図9-10**）。まず、「親和型」学級では、いじめの発生そのものが少ないだけではなく、いじめがあった場合でも、担任教師は何らかの形で気にとめ、配慮していた。しかし、「かたさ型」学級では小学校、中学校ともに50%の子どもたちが、担任教師にまったく気づかれないままになっていた。さらに、「ゆるみ型」学級では小学校では70%、中学校でも56%の子どもが見過ごされていることが明らかになった。この結果から次のことが示唆される。

- 学級集団が「ゆるみ型」や「かたさ型」の状態になると、教師は日常観察だけではいじめられている子どもの半数以上に気がつかないため、いじめ問題を発見するにはそれを補う心理尺度などの活用が不可欠である
- 同時に、教師は担任する学級集団の状態を把握することが、いじめ問題を発見する上でも必要である

図9-7　いじめのチェック率・小学校 (河村, 2007)

図9-8　いじめのチェック率・中学校 (河村, 2007)

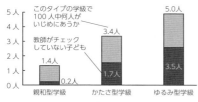

図9-9　学級タイプ別にみたいじめの未チェック率・小学校 (河村, 2007)

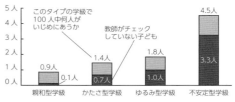

図9-10　学級タイプ別にみたいじめの未チェック率・中学校 (河村, 2007)

第3節　いじめへの対応

❹ 教師がいじめ問題で認識しておくべきこと

　学級集団では集団内にフラストレーションが高まれば，その集団に所属する
人々は，自分の本心を隠した防衛的な行動や，いじめなども含む発散的，攻撃
的な行動をとりがちになり，人々の人間関係の相互作用は非建設的になってい
く。その結果，集団の状態はさらに悪化し，集団内のフラストレーションはま
すます高まり，人々の人間関係はさらにギクシャクし，互いに傷つけ合うよう
なかかわりが増えていくという具合に，悪循環に陥っていく。こうして集団は
崩壊していくのである。

　学級内で発生するいじめ問題は，学級集団の状態に大きな影響を受ける。強
い相関関係があるのである。したがって，教師が学級内に起こるいじめ問題を
考えるとき，このような集団内の力動も考える必要がある。つまり，学級集団
を形成する教師の学級経営のあり方は，学級内のいじめの問題を大きく左右す
るといえる。いじめの問題は，教育実践の総体である学級経営のあり方と結び
つけて考え，予防・対応していくことが，教育者である教師の役目となる。子
どもたちへの教育効果が高い親和型の学級集団を育成していくことが，同時に
いじめ問題の重要な予防策になるのである。

> ### 第3節　いじめへの対応

❶ いじめの4層構造

　いじめ問題が大きく取り上げられ始めた1980年代の後半に，森田・清永
（1986）は，いじめは「いじめられる子」（被害者），「いじめる子」（加害者）
の2者関係で生じているのではなく，「いじめを面白がって見ている子どもた
ち」（観衆），「見て見ぬふりをしている子どもたち」（傍観者）という存在を含
めた4層構造であることを指摘している（P140，**図 9-11**）。

139

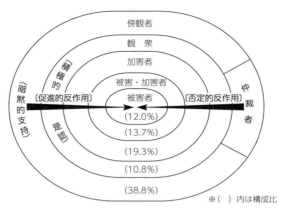

図 9-11　いじめの 4 層構造（森田・清永，1994）

　いじめの 4 層構造をさきの河村（2007）の調査や指摘に照らして考えると，4 層構造が最も当てはまるのはかたさの見られる学級集団であると考えられる。
　しかし近年では特に，ゆるみの見られる学級集団が増加しており，いじめの構造が短期間の間に反転したり，構造そのものが判然としない状況もある。ゆるみの見られる学級集団で起こるいじめは特に，いじめと認識されないようにカモフラージュされた悪質な行為も多く，当事者も周りの子どもたちにも，いじめであるかふざけであるかわからないことが少なくない。また，近年ではスマートフォンのアプリや SNS で，グループを外したり，攻撃の対象をぼかしたりして行われることもある。
　いじめ問題においては，被害者の子どもをどう援助するのか，加害者の子どもをどのように指導するのか，という視点のみではなく，観衆や傍観者となりうる子どもたちに対しても指導を行い，この学級（学校）ではいじめを許さないという雰囲気をつくっていく必要がある。
　さらに，いじめは単に謝罪をもって安易に「解消」とすることはできない。いじめが解決している状態とは，①被害者に対する心理的または物理的な影響を与える行為が止んでいる状態が相当の期間（3 か月が目安）継続している。②被害者が心身の苦痛を受けていない（本人や保護者の面談等で心身の苦痛を

第3節　いじめへの対応

感じていないかどうか確認する），という2つの要件が満たされていることを指す。被害者に対しては「力になりたい。何かあれば言ってほしい」など，ニーズを確認し，丁寧に対応することが望まれる。

❷ いじめ被害者の心理

いじめを受けた子どもは，親や教師にいじめ被害について言わないことが圧倒的に多い。これは，自分を大切に思ってくれる親を心配させたくない，親が聞いてショックを受けるのがつらいという気持ちがあるからである。また，親や教師に話してもいじめはなくならない，もしくはもっとひどくなる，と考えていることも多い。しかし，このようにいじめを隠すことで自分自身がいじめられている現実を直視できなくなり，いじめ被害が深刻化することもある。

いじめ被害を受けている子どもが発見された場合，その子どもの心身の傷つきに対し，十分なケアをする必要がある。2006年に文部科学省が「個々の行為が『いじめ』に当たるか否かの判断は，表面的・形式的に行うことなく，いじめられた児童生徒の立場に立って行うものとする」と言及しているように，客観的にいじめがどの程度であったかということは関係なく，その子どもが感じた主観的な世界が現実であると捉え，訴えられるつらさや苦しさを十分受けとめることがまず必要である。

援助する親や教師が，「気にしないように」「自分の悪い点も考えるように」と子どもに迫ると，いじめられた子どもの心の傷は深くなることが多い。つまり，いじめられた子どもの心の傷は，自分の受けたいじめ経験とそれに伴うつらい感情や痛みを伴う身体感覚を正当なものと承認されないときに，二次障害となって心に刻まれていく。いじめ被害者が何よりも必要とするのは，親や教師からの助言や介入ではなく，自分に対して理解を示し，自分をありのままに受け入れてくれる存在なのである。

❸ いじめ加害の4つの問題

いじめ加害は大きく分けて4つの問題を背景にしていると思われる。(1)心身

第9章　いじめの理解と対応

の急速な成長へのとまどいに関連する思春期特有の問題，(2)いじめ加害者の性格や養育環境を背景にした個人的な問題，(3)遊び感覚やふざけ感覚などいじめに対するモラルの低さに関する問題，(4)集団からの圧力の問題，である。

　以下，それぞれ具体的に見ていく。

---

(1) **思春期特有の問題**

●身体的・心理的な変化へとまどい，それにうまく対処できず攻撃性が高まり，攻撃行動が表出する

●同調性が過度に高まり，類似性を確認したいばかりに，異質な存在を排除しようとする　など

(2) **個人的な問題**

●欲求不満耐性が低く，心理的ストレスを解消するための手段として被害者を攻撃する

●ねたみや嫉妬などの感情が生起した際に，劣等感を感じる相手を引き下げ，優越感を感じるなどの方法で自己評価を高める

●相手を命令どおりに動かすことで権力を得たような気持ちになり，満足を得る

●親やきょうだい，友達などからすでに被害を受けていて，それを他者にして返して復讐しようとする

●コミュニケーションスキルが未熟で攻撃的にしか相手とかかわれない　など

(3) **モラルの低さに関する問題**

●遊び感覚やふざけ感覚で，被害者を笑い飛ばして盛り上がる

●いじめる理由は特になく，ないなら故意に理由をつくる　など

(4) **集団からの圧力の問題**

●自分がいじめの被害者にならないために加害者側につく

●いじめが常態化するにつれて集団に迎合し，残酷なことも何とも思わなくなる　など

　以上，加害者の背景要因について指摘したが，実はほとんどの子どもは「い

第3節　いじめへの対応

じめはよくない」とわかっていて，いじめてしまった経験があるという（文部科学省，2022）。一人の人間の心の中に，善と悪との葛藤が生じ，ときに悪の衝動が勝ってしまい，いじめ行動にいたることもある。「いじめは絶対に許されない」という意識の徹底とともに，「いじめ行為をしない」という態度や行動も身につけるように指導することが重要である。

❹ いじめの早期発見と早期対応

いじめを許さない学級づくりを進めるとともに，学級全体の様子や子どもの個々の様子をよく観察することが大切である。明里（2007）は，いじめの小さなサインを見逃さないために，次のような方法を提起している。

⑴業間休みや昼休み，放課後の時間に教室にとどまり自由時間の子どもの動きをよく見る

⑵昼食や班活動も子どもと一緒に行い，グループ内の力関係をよく見る

⑶表情，服装，持ち物などのちょっとした変化（特にマイナスの変化）を見逃さない

また，観察では知りえない情報は，アンケート調査を活用して把握することも重要である。アンケートの中で，いじめ被害や対人トラブル，孤立や学校忌避感情を訴えている場合，子ども自身が困っていること，気になっていることを面接により丁寧に聞き取ることも肝要である。

学級の子どもがいじめをしているのではないかと感じたら，まず事実確認をする。いじめた者といじめられた者と両方の話を聞き取るのだが，両方を同席させて話を聞くと本音が出にくく，口をつぐんでしまうことがある。また，事実は同じでもそれぞれの解釈が異なったり，その解釈に伴って感情が生起することから，別々に丁寧に聞くことが必要である。加えて，いじめにあまり関係のない子どもにも聞いてみて，全体像を把握する。客観的で正確な情報をもっていることも多い。

その後，加害者に対しては，いかなる理由があってもいじめはいけないとい

143

う姿勢で対応する。教師はその子どもがいじめをするにいたってしまった背景はわかってあげても、行動としては認められないことを伝え、指導する。被害者に対しては、つらさや苦しさを理解するような支援をする。

いじめに関する指導の際に、やってはいけないこととしては、学級全体に対して特定の子どもの名前を挙げて指導することである。かえっていじめを増長させるばかりでなく、被害者を傷つけることが多い。したがって、まずは個別に対応することが大切となる。

他方、巧妙ないじめは把握できないこともある。その場合は、学級や学年全体に対して、やってはいけないことの1つとしていじめについて話す、いじめができない状態になるよう、教師が昼休みや放課後などの自由時間、清掃時間などに教室にいる、いじめが起こりやすい場所（トイレや空き教室など）を点検するなどして予防する。

いじめを発見・対応し、いじめ問題が解決したと思われても、教師にわからないように陰湿ないじめが継続していたという報告もある。よって、いじめを受けやすい子どもについてはその後も注意深く観察し、定期的に個別に話し合う機会をもつなどの配慮が必要である。

❺ いじめを予防する

いじめを予防するための方法はさまざまに提起されている。学級や道徳の時間を活用して、ピアサポート、人間関係ゲーム、構成的グループエンカウンター、ソーシャルスキル・トレーニング、ロールプレイ、アサーションなどさまざまな活動を取り入れることができる。親和的な人間関係の形成がいじめの発生を防ぐのである。いずれも Q-U などで子どもの状態や学級集団の状態像を把握して、実態にそうよう適切に展開することで効果が得られる。

❻ 組織的な対応の充実

「いじめ防止対策推進法」と「いじめ防止等のための基本的な方針」に基づいて、すべての学校に「学校いじめ対策組織」が設置された。教職員がいじめ

に関する情報を抱え込み，対策組織に報告を行わないことは法第23条第1項に違反しうるため，教職員間での情報共有を徹底し，学校全体でいじめ対策を行うことが重要である。学校いじめ対策組織の役割として次の5つが挙げられている（文部科学省，2022）。

①学校のいじめ防止基本方針に基づく年間指導計画（いじめアンケートや教育相談週間，道徳科や学級・ホームルーム活動等におけるいじめ防止の取組など）の作成・実行の中核的役割を果たし，校内研修の企画・実施を行う。

②いじめの相談・通報の窓口になり，複数の教職員が個別に認知した情報を収集・整理・記録して共有する。

③いじめの疑いのある情報があった場合には，緊急会議を開催し，情報の迅速な共有，関係児童生徒へのアンケート調査や聴き取りの実施，指導・援助の体制の構築，方針の決定と保護者との連携といった対応をする。

④学校のいじめ防止基本方針が学校の実情に即して適切に機能しているか否かについての点検を行うとともに，いじめ対策として進められている取組が効果的なものになっているかどうか，PDCAサイクルで検証を行う。

⑤いじめの重大事態の調査を学校主体で行う場合には，調査組織の母体になる。

国の基本方針において，「いじめの問題は，心豊かで安全・安心な社会をいかにしてつくるかという，学校を含めた社会全体に関する国民的な課題である。」と指摘されている。いじめを防止するためには，すべての児童生徒が安心してすごせる学校づくりを行っていく「発達支援的生徒指導」や，いじめを生まない環境をつくるための「いじめの未然防止教育」，いじめに気付くための「いじめ早期発見対応」などに日常的に取り組むことが必要となる。

これらの対応をしていく上では，養護教諭，特別支援コーディネーター，保護者，SC，SSW，教育委員会，警察など学校内外の様々な専門家との連携協力を行う必要もでてくる。学校組織全体でチームを組んで児童生徒を支援することが重要である。

第9章　いじめの理解と対応

第4節　グループ内のいじめとその対応事例：中学校

❶「ゆるみ型」の学級集団で発生したいじめの背景

　放課後，C子の外靴が濡らされる事件が発生し，目撃者情報からA男（中1）の関与が判明し，事情聴取が行われた。当初，A男は何も語ろうとしなかったが，やがて自分の非を認めてC子に謝罪し，一応の解決にはいたった。しかし動機については黙秘であったため，改めて面談して話を聞いた結果，A男はB男に命じられて行ったことを打ち明け，担任教師を驚かせた。なぜなら2人は学級の中でムードメーカー的な4人グループに属し，担任教師はいつも一緒に元気に遊ぶ，対等な関係の仲間同士と見ていたからである。

　ただし以前からQ-Uアンケート結果が，(1)学級集団が「ゆるみ型」である，(2)グループ内の3人が満足群にプロットされているにもかかわらずA男だけが不満足群にプロットされている，という気がかりが担任教師にあった。

　そこでさらに学年主任も交えた丁寧な面談を繰り返し，グループの中ではB男がボス的存在でほかの3人が従うという階層があり，特にA男はB男からたびたびゲームを取り上げられたり買い物で代金を支払わされたりするなど，深刻ないじめを受けていたこともわかった。

　A男は，B男からいじめを受けているにもかかわらず言われるままに行動していた理由を，(1)B男とほかの2人に逆らうことは力関係から見て不可能に近かった，(2)グループから離れると学級で孤立してしまうという恐怖からどんな形であっても誰かとつながっていたかった，と語った。

❷ 個人・グループ・学級集団への対応と取組み

　担任教師と学年主任は，(1)A男の気持ちに寄り添いつつ，B男を含めたグループの3人と個別面談し，事実や動機などを聴取し反省を促してからA男への謝罪の機会を設け，(2)再発防止に学年体制で取り組んでいくことを約束し，

(3) A男の学級での孤立への恐怖をなくすため，気の合いそうな友達を探すなどの友達関係づくりの支援を実践することとした。

　まず(1)を行った後，(2)への取組みとしていじめが発生した要因を検討した。その結果，学級に活気がある反面なれ合い的になっていることから，ⓐ集団としてのルールや規範が確立される面が弱く，ⓑ子どもたちは少人数の閉じたグループを形成し，ⓒその中で不安や緊張をやり過ごしていると考えられた。そこで学級内のルールの確立をめざし，ⓓどんな学級にしたいかみんなの願いをまとめる，ⓔその実現に必要な約束をリストアップする，ⓕ朝の会でみんなが守る約束を1つ決めて取り組む，ⓖ帰りの会で約束が守られたかを振り返るなどを実施した。

　次に(3)として，中学生期は自分が理想とする人の行動や考え方を取り入れて，自分を形づくっていく時期であることから，子ども同士の心のふれあいを体験させることは不可欠であると考え，対人関係の基本単位である「二者関係」でルールを守って楽しむ「質問じゃんけん」「サケとさめ」などのふれあい体験活動を実施した。2人組に抵抗がなくなり親しさが増した状態になったら，4人組に拡大し小集団で楽しめるゲームをたくさん実施するなど，心がふれあうような友達関係の確立を目標に，あたたかい雰囲気を体験させた。

　その結果，A男は学級内に気の合う友達ができ，安定した学校生活を送るようになり，B男とほかの2人はいじめや悪ふざけをすることをやめ，部活に打ち込むようになった。また学級にルールが定着したことから子ども同士のトラブルが激減し，新たないじめの発生は見られなくなった。

　このようにいじめへの対応は，いじめの背景にあるものも見逃さずに丁寧にアセスメントし，個別の対応のみならず，学級集団や具体的な課題に対処することが必要であると考えられる。

第10章

非行問題の理解と対応

第1節　非行問題の理解

　学校内外で発生する窃盗や暴力などの子どもの問題行動は，非行問題と連続する部分がある。本章では子どもの問題行動と非行問題を考えたい。

　家庭裁判所の審判の対象や警察の検挙の指針となる少年法第3条では，非行少年（満20歳未満の者）を次の3つに分類している。

- ●犯罪少年：14歳以上で犯罪を行った少年
- ●触法少年：14歳未満で犯罪少年と同じ行為，刑罰法令にふれる行為を行ったが，年齢が低いため罪を犯したことにならない少年
- ●ぐ犯少年：犯罪や触法まではいかないが，具体的な問題行動があって今後犯罪少年や触法少年になる可能性の高い少年

　また，警察が補導の対象とする「不良行為少年」もある。少年警察活動規則第2条で「非行少年には該当しないが，飲酒，喫煙，深夜はいかいその他自己又は他人の徳性を害する行為（不良行為）をしている少年」と規定されている。

148

第1節　非行問題の理解

非行少年と不良行為少年の人数はどちらも減少傾向にあるが，近年の非行と不良行為は多様化・低年齢化している（法務省，2023）。

❶ 非行問題を理解する視点：遍在性と偏在性の識別と関係性

「遍在」とは社会に広く一般的に存在することであり，「偏在」とは一部に偏って存在することである。非行問題の発生を捉える視点として，子どもを取り巻く遍在性と偏在性，その関係に留意する必要がある。

(1) すべての子どもがもつ可能性：遍在性──「発達的危機」

一般に思春期や青年期は，自分とは何者かを問い，社会の中に自己を自分なりに位置づける，情緒的に不安定になりがちな時期である。青年期特有の理想と現実のギャップが，身近な親や教師や社会一般の大人に，反抗という形で向けられやすい。自立をめざす第一歩として，いままで無条件に受け入れていたもの，しつけられた規範や価値観などを，まず否定する形をとるからである。

このような状態のとき，子どもは逸脱行動に走ることがあり，非行行動との親和性が高くなる。さらにこの時期の子どもは，否定した親や家族に代わる別の準拠集団を求めるようになる。そして，準拠集団の行動原理をよりどころとすることで自分の行動を選択することができ，一時的な安定を得，自我をさらに発達させていく。このときの準拠集団に，反社会的，非社会的な傾向をもつ集団，いわゆる非行グループがなる場合がある。子どもはその集団の仲間を通して，社会の一般の人々がもつ価値観やコミュニケーションのとり方，言葉づかいや服装などから逸脱した下位文化（コラム9参照）に同一化しやすくなり，非行問題に遭遇する可能性が高まるのである。このように，すべての子どもが遭遇する可能性があるのが「発達的危機」であり，非行問題の遍在性である。

(2) 社会における弱い存在：偏在性──「基本的危機」「個人的危機」

精神障害や知的，発達などの障害を抱えた子どもを「基本的危機」を抱えた子どもという。その子どもが行為障害（コラム10参照）を伴う場合の対応には注意が必要で，医療的な理解と対応も求められる。

困窮した経済状態や崩壊した家庭，劣悪な教育環境での生育などからマイナ

149

第10章　非行問題の理解と対応

スの影響を受けた「個人的危機」を抱えた子どもがいる。社会一般の価値観やコミュニケーションのとり方から逸脱した下位文化の要素をもつ家庭や地域で育ってきた子どもは，食欲，性欲，金銭欲などの基本欲求の充足を優先する価値観や，彼ら独自のコミュニケーションスキルを一定程度身につけている事例がしばしば見られる。このような子どもは下位文化に同調した結果，世間一般の社会や学校社会で不適応になる可能性が高まる。

彼らは一般の社会や学校社会で疎外されることが多く，それを合理化しようとして，求められる規範の無視や逸脱行動，非行行動にいたることがある。その結果低学歴や就職の困難が生じやすく，社会不適応の可能性が増大するという悪循環に陥ってしまうのである。「個人的危機」を抱えた子どもの非行問題を理解するためには，福祉的な理解と対応も求められる。

特別な対応を個別に行うことの必要な「基本的危機」や「個人的危機」をもつ子どもの存在を，偏在性というのである。

(3) 非行問題の理解に必要な視点

非行問題を理解するときは，対象の子どもの遍在性と偏在性を混同してはならない。過度な一般化が起きて次のようなマイナス面が増大するからである。

- 偏在性の問題が遍在性の問題にマイナスの影響を与える
- 遍在性の問題が偏在性の問題をあいまいにし，問題をより深刻にする

子どもの非行問題の理解には，さきに述べた発達的危機，基本的危機，個人的危機，の3つの危機の有無をしっかり検討することが求められる。一過性の発達的危機の問題を抱える子どもなのか，非行行為を繰り返す可能性の高い子どもなのかの理解を深めることが，対応のあり方（例えば専門機関との連携の必要性など）につながっていくのである。

❷ 非行少年の抱える問題

さまざまな非行行為を起こした子どもを概観すると，(1)3つの顕著な傾向と(2)個人の発達の問題についての理解が必要である。

(1) 3つの顕著な傾向（家庭でのしつけの欠如と関連がある）

●悪い自己イメージを形成している

自己イメージは，身近で重要な他者の期待に同調し，その行動を賞賛される，という経験を積み重ねる過程で獲得されるのが一般的である。よい自己イメージをもった子どもは，自分はできるんだという自信をもち，それがなにごとにも前向きに取り組もうという姿勢や行動につながっていく。

一方，非行行為を起こした子どもは，生育歴や学校生活の中で，劣等感・疎外感・孤独感・低い自己肯定感や自己有能感など，否定的な自己イメージを形成していることが多い。鑑別所収容少年の50.4％，少女の63.2％が，自分は「ダメな人間」であるとの意識をもっている（総務庁，2000）。これらの悪い自己イメージが，「私は何をやってもダメなんだ」というような意識につながり，なにごとにも後ろ向き，刹那的な姿勢や行動を引き起こしやすいのである。

●意欲をもって自律した生活を維持し，自己管理する能力が低い

基本的な生活訓練の不足により，早起き，あいさつなどの基本的生活習慣が身についていない，金銭管理能力の欠如により無駄づかいが多い，友達を選択して計画的に遊ぶことができず周りに同調してしまう，暇つぶし的に時間を過ごしてしまう，などの傾向が見られる。

●他者とコミュニケーションを円滑に行う能力が低い

他者と円滑にかかわるためのソーシャルスキルが身についておらず，けんかやいじめなどの暴力的・上下関係的なかかわりしかもてない，衝動や攻撃性をコントロールできない，自分の言動が他者に与える影響を省みることができない，などの傾向が見られる。その結果として，適切な友達関係を形成できないのである。非行行為を起こした子どもたちは，一般の青年たちとは意識面やそれに伴うコミュニケーションのとり方に大きな隔たりがある。その結果，似たような意識をもち，似たようなコミュニケーションのとり方をする仲間たちと群れるようになる。

第10章　非行問題の理解と対応

⑵ 個人の発達の問題

　非行少年は，過去の未解決な発達課題（第2章参照）の問題と，そのマイナスの影響を受けた現在の生活年齢における発達課題の問題の両方に悩んでいる存在と考えることができる。したがって，その子どもの中心となる発達課題から生じる欲求を，いまの生活年齢に見合った環境の中でどう満たしていくのか，バランスをとりながら，長いスパンで支援していくことが求められる。

　発達の問題は，その課題を達成するのに必要とされる経験が伴って初めて乗り越えていけるものである。十分な時間と適切な環境が必要となる。

第2節　非行問題への対応

　非行問題への対応を3段階の援助レベル（第1章参照）で考えると次のように整理される。

❶ 3次的援助・困難課題対応的生徒指導：非行問題を犯した少年への対応

　学校では服装の乱れや怠学も非行と呼ぶことがあるが，3次的援助が必要な非行問題は犯罪そのものであり，その処遇は専門の関係機関で行われる。

　警察庁は平成30年3月，「平成29年における少年非行，児童虐待および子どもの性被害の状況」を公表した（警視庁，2018）。平成29年の刑法犯少年の検挙人員は，前年比4,719人減の2万6,797人で，14年連続の減少となった（平成20年の刑法犯少年は90,966人）。男女別では，男子が2万3,253人と86.8%を占めている。年齢別では，「16歳」が5,472人と最も多く，ついで「15歳」4,993人で，学識別では，「高校生」が1万209人と最多，ついで「中学生」6,221人で，中学校から高等学校への移行年齢層で刑法犯少年の多数を占めている。罪種別では，「窃盗犯」が1万5,575人と最も多かった。

　触法少年（刑法）の補導人員は，前年比276人減の8,311人。「小学生」が前年比417人増の4,232人で，「中学生」4,071人を上回った。年齢別では，「13歳」

152

3,120人，「12歳」1,523人，「8歳以下」1,246人，「11歳」877人である。

校内暴力事件と教師に対する暴力事件の総数は，事件数，検挙・補導人員，被害者数ともに前年より減少しているが，小学生に限るといずれも増加傾向にある。校内暴力事件の小学生の被害者は，前年より51.1％増の133人であった。

少年事件は警察や検察庁で捜査を行った結果，非行事実が存在すると認められる場合は保護の観点から，軽微なものであっても必ず家庭裁判所に全件送致される。触法少年や14歳未満のぐ犯少年は，家庭裁判所よりも先に児童相談所に送られる。そして，非行事実と要保護性が審理され，少年院，児童自立支援施設などに送致され，矯正教育を受けることになる。

1949（昭和24）年施行の少年法は，近年の少年犯罪の実態，社会情勢を鑑み，2000・2007・2008年と，大きな改正がされた。さらに，2022年4月から成人年齢の引き下げに伴い，改正少年法が施行され，18歳・19歳の少年が「特定少年」として，厳罰化，長期拘束や公判請求がより進みやすくなるなど，新たな扱いを受けることとなった。

❷ 2次的援助・課題未然防止教育・課題早期発見対応：教育指導上の配慮

⑴ 非行の悪化の考え方

子どもの問題行動や非行行動は，初期のうちに適切な対応がなされないと徐々に悪化していくことが多い。ショウ，マッケイの非行化過程の仮説（Parkら，1925）やベッカーの説（Becker, 1963）は，子どもの非行の状態について目安になり，対応方針を考える上で有効である。それらの説をもとに，子どもの非行の悪化の段階を以下に示す。子どもの非行への対応は，非行行動の状態を適切にアセスメントして行わないと効果は少ない。

●**遊戯，最初の規則違反**

特定の非同調行為（学校や地域社会のルール，多くの人々がとるコミュニケーションスタイルから外れた行動や態度など）が意図的・非意図的に行われる。

●**社会的規範との葛藤**

153

第 10 章　非行問題の理解と対応

　喫煙や飲酒，薬物使用などの法に抵触する行動や，学校を欠席してゲームセンターに入り浸る，深夜はいかいなどが見られる。

● **非行行動の継続**

　仲間との相互作用や，社会的学習（3,000円以下の万引きは見つかっても警察に通報する店は少ないなど）により，非行行動が安定し継続される。

● **非行集団への忠誠と一体感**

　暴走族などの非行集団に所属し，その集団が本人にとっての居場所となり，その集団に忠誠心をもつようになる。組織的非行行動を起こすようになる。そこで逸脱行為の巧妙なやり方なども学んでいく。

● **非行ギャング化とヒエラルキーの上昇**

　暴力団などの反社会的な組織の構成員となり，組織内での地位上昇をめざす価値観を内在化し，反社会的な行動を組織的に進んで起こすようになる。

(2) 非行行動を合理化・正当化するメカニズム

　2次的援助では，問題の早期発見・対応が求められるが，その対応には苦慮することが多い。非行少年は一般少年と同じく規範意識を内面化しているので，自分の非行行為に対して罪悪感をもつ。この罪悪感を解消して社会的非難を回避し，社会的制裁を緩和するために，自分の行為は正当ではないが受容されるものであると思い込もうとして，特定の技術を駆使することが指摘されている（高原，2002）。それは自らの逸脱行動への罪悪感を合理化・正当化する技術であり，マッツァとサイクスの指摘する「中和の技術」である。例を加えて，高原（2002）の示した5つの技術を次に示す。

● **責任の回避**

「自分の積極的意志でやったのではなく，なりゆき上仕方なかったのだ」

「みんなもやっていることなのだ，自分だけが悪いわけではない」

● **加害の否定**：共感性の欠如とも関連している

「相手に大した害を与えていない」「相手は大して傷ついていない」

> ●**被害者の否定**
>
> 「相手はいい気になっているから，天罰が下るのはあたりまえだ」
>
> 「相手は仲間のルールを破ったのだから，やられて当然だ」
>
> ・偏った正義感とも関連している
>
> 「えこひいきをする教師に報復するのはあたりまえだ」
>
> ・背景に被害者意識が潜んでいる
>
> ●**非難者への非難**：背景に被害者意識と認知の偏りがある
>
> 「自分の行動を非難する人間は，真実を知らず，間違っている」
>
> 「教師はいつも勉強のできる奴の言うことばかり聞いている」
>
> ●**高度の忠誠の訴え**：背景に自省の念の欠如がある
>
> 「より大切な仲間，人に対する忠誠のために行った行動である」
>
> 「グループの面子を守るためにやったのだ」

　非行少年はこのような「中和の技術」を駆使して，自分が起こした問題に対して真摯に向き合うことを避ける傾向がある。対応する者は，少年が矛盾した話や自分の都合のいい解釈だけを繰り返す場合には，それが考え方の歪みや合理化であることを指摘し，問題に直面させることが対応の第一歩になる。

❸ 1次的援助・発達支持的生徒指導：すべての子どもの発達への対応

　子どもの逸脱行動や非行行動を抑制する予防・開発的な対応として，ハーシの社会的絆（Social Bond）の理論（Hirschi, 1969）が現在でも多くの示唆を与える。子どもの非行行動は，当人が社会的絆（家庭・学校・社会とのつながり）をどの程度感じているかによって，発現が抑制されるとするものである。非行行動を抑制するためには，社会的絆を子どもに実感させることが求められる。ハーシは，社会的絆に次の4つを挙げている（高原，2002）。

⑴ 愛着（Attachment）

　両親，教師，仲間との同一化の感覚（情緒的つながり）のことである。「そんなことをしていたら，お母さんが悲しむよ」という具合に，大切な人を悲し

第 10 章　非行問題の理解と対応

ませてはいけないという思いが，非行行動を抑制するのである。したがって，両親，教師，仲間と，どれだけ情緒的なつながりを形成できるかが大切である。現代の非行少年は家庭で両親と過ごす時間が短く，学業成績が悪くて学校嫌いが多く，仲間以外への愛着は弱いことが指摘されている。

(2) 投資 （Commitment）

教育や仕事の蓄積への思い入れ・こだわりのことである。「そんなことをしたら，いままで努力してきたことが台無しだよ」という具合に，教育や仕事への投資量（時間やエネルギーの投入）についての功利的判断から，投資量が相対的に多い場合に，損失に対するリスクの懸念が逸脱を抑制する。したがって，学習や仕事へある程度取り組んだ経験の積み重ねのあることが大切である。現代の非行少年は投資が少なく，自己評価も低いので，逸脱によって改めて他者の信望を失うリスクは少ないと考える傾向があることが指摘されている。

(3) 巻き込み （Involvement）

社会参加を意味し，日常的な集団活動や余暇活動への参加が逸脱を抑制する。例えば，部活動が忙しくて遊ぶ暇がない，サークル活動に熱中して時間が足りない，などである。現代の非行少年は「やりたいことがない」者が多く，情報量も少なく，退屈しのぎの日々を送る傾向が強いと指摘されている。

(4) 規範観念 （Belief）

所属集団や社会の規範的枠組みを受容していること，遵法的行動になじんでいることである。規範観念にそった行動の習慣が，非行行動を抑制するのである。一般少年と非行少年では，重大な法律，社会的規範に対する意識には大差がないが，非行少年は学校の規則や，喫煙・飲酒・夜間はいかい・性的逸脱に対する規範観念が低いことが指摘されている。

これら 4 つの社会的絆を子どもたちに形成することが，非行予防として現代でも重要である。家庭，学校，地域社会での連携した取組みが求められる。

156

第2節　非行問題への対応

❹ 学校現場での具体的な対応

学校では具体的にどのような対応が求められるのか，以下に整理する。

⑴ 対応のポイント

矯正指導に特化した機関ではない学校は，子どもの問題行動や非行問題に対して，教育活動全体を通して次のような方針のもとに対応することになる。

- ●社会に適応し，自立した生活ができる人間を育成する
- ●子どもの援助ニーズに見合った対応を統合的に，組織的に行う

子どもの問題の背景には，発達や障害，家庭の問題などが存在することが多く，対応すれば短時間で解決するというような例は少ない。切り捨てず，抱え込まず，あきらめずのスタンスで時間をかけて取り組む必要がある。警察，児童相談所，福祉事務所，病院などの専門機関との連携と学校内の教師たちの組織的対応は不可欠である。具体的指針としては，次のような対応が求められる。

⑵ 1次的援助・発達支持的生徒指導：すべての子どもの発達への対応

ホームルーム，授業，学級活動・行事などすべての教育活動を通して，非行の偏在性への個別対応を十分に行いつつ，非行の遍在性であるその時期の子どもの発達課題について，予防開発的な対応を全体に行っていく。

- **●規範意識の学習**
- ・道徳などで非行行動の識別，人権や社会ルールについての学習を行う
- ・係活動や行事などでルールの中で生活する習慣を確立する，責任感を育成する
- **●発達課題への予防・開発的な対応**
- ・子ども相互の交流を通して，対人関係形成力を育成する
- ・教師と子どもの間，子ども相互の間に社会的絆を形成する
- ・これらの具体的方策として，構成的グループエンカウンターやソーシャルスキル・トレーニング（第3章参照）を効果的に実施する

第 10 章　非行問題の理解と対応

⑶ **2次的援助・課題未然防止教育：教育指導上配慮を要する子どもへの援助**

　個別対応を確実に継続して行い，非行の悪化を抑止し，規範にそった行動を習慣化させていく。2次的援助では，非行の悪化の段階の，ⓐ遊戯，最初の規則違反と，ⓑ社会的規範との葛藤に対する対応が主になる。ⓐの例には，学校のルール違反，掃除・係活動のさぼりなどから，遅刻・無断欠席・授業離脱，授業妨害，異装，反抗，対人暴力などがある。ⓑの例には喫煙・飲酒・薬物摂取，万引き，自転車盗，深夜はいかい，器物破損，無免許運転などがある。

　この段階では，子どもの逸脱行動を注意・指導して，その場の行動を正させるだけでは不十分である。学校のルールや社会規範にそった行動を持続的にとれるように対応していくことが求められる。

　具体策としては，ソーシャルスキル・トレーニングの要領で望ましい行動が定着するまで一緒に取り組む。少しの逸脱だから最初は大目に見る，という流れはよくない。逸脱行動が習慣化してしまうと，それを正す対応がむずかしくなる。また，子どもが自らの逸脱行動を合理化・正当化している（中和の技術）場合もあるので，あいまいにせず時間をとって対応する必要がある。

　さらに，全体指導の中で教師が個別に配慮しながら，集団生活・活動に参加させ，学級の子どもたちと一緒に行動できるような体験を積み重ねさせることが大事である。その中で，周りの子どもから適応的な方法で承認感を得られるように，班活動でのグルーピングや活動形態を，実態に即して工夫する。当該の子どもが集団の中で自分の居場所が確保できるように援助していくのである。

　なお，次の2点が確実に行われていることが前提条件になる。

● 1次的援助を確実に行い，非行行動を許さない雰囲気，規律のある生活・行動が行われる環境を学校や学級内に確立する

● 校内の教師たちの指導観や指導方針の共通理解と，教師たちの連携ある指導方法をシステム化する

　予防・開発的対応を基盤として，教師間でその対応にぶれがないよう校内体制を確立することは前提条件である。この2点に関しては，定期的に教師間で

確認し合う場を設定し，風化しないように努めていくことが必要である。

⑷ 3次的援助・困難課題対応的生徒指導：特別な援助を要す子どもへの援助

　非行の悪化を抑止し，後退させる対応が求められる。3次的援助では，非行の悪化の段階の，ⓒ非行行動の継続，ⓓ非行集団への忠誠と一体感，に対する対応が主になる。ⓒの具体的内容は，薬物摂取，援助交際，恐喝などで，ⓓは暴走族，チームへの所属などが主になる。この段階での対応は，専門機関とも連携し，定期的に継続して対応していくことが求められる。

　ここでの面接は呼び出し面接であり，子どもに強い抵抗や面接動機の低さがあるのが普通である。暴言を吐く，脅してくる，まじめに話そうとしないなどの様子が見られることが多く，教師側は感情的，叱責口調にならず，丁寧語で端的に話しかけるなどの心構えとある程度のスキルが必要となる。そのような行動や態度が見られたら，本人もこの面接に何らかの意味を感じていると捉えるのである。また，暴力をふるう可能性の高い子どもとの面接では，必ず複数の教師や関係者が同席し，暴力行為の発揮を阻止する予防策をとる必要がある。

　非行行動がかなり悪化し，違法行為が見られる場合には，すべて学校で対処しようとするのではなく，警察の少年課などとも連携する。各機関と学校の守備範囲を明確にし，連絡をこまめにとりながら，学校の守備範囲の中でできることを教師たちがチームで対応していくことが必要である。

　在校する子どもが保護観察処分を受けることになった場合，家庭裁判所や保護観察所から学校に直接通知されることはない。保護観察官や保護司が当該の少年と保護者に学校に伝えたか否かを聞き，了解を得てから必要に応じて学校と接する流れになる。このような場合も，学校はその子どもを監視するのではなく，保護観察処分についてほかの子どもにわからないよう留意してあたたかく見守り，改善が見られればほめて励ますという教育的対応をするのである。

第 10 章　非行問題の理解と対応

| 第 3 節 | **非行問題対応事例：高等学校** |

❶ 問題行動を起した生徒への効果的な指導の進め方

以下事例を通して，問題行動の指導の流れとポイントを説明する。

> 夏休み中，A 市で B 中学校卒業生を中心に暴走族グループが結成され，結成記念
> の集会と暴走行為が行われ，共同危険行為で少年 6 人が補導された。彼らは常
> 習的に窃盗や恐喝を行っていたことがわかり，家庭裁判所の審判で少年院に送
> 致された。補導された少年の中には C 高校 2 年生の D が含まれており，D に誘
> われて暴走行為を見に行った同級生 4 人も警察から補導されたことが判明した。

(1) 事実確認

> 翌日 D を除く 4 人から事情を聞き，この事件にかかわるそのほかの生徒からも
> 事情を聞くなど事実確認の結果，1 人が学校で禁止されている原付バイクに乗
> って参加していたことと全員の喫煙の事実が明らかになった。

- 事実確認では教師の思い込みにならないように正確な事実の特定を行う。
- 事情は個別に聞き，複数の教師で対応する。
- 事実確認を終えた後で生徒が話した事実を文章にするように指導する。
- 事実に矛盾がないよう，細部まで確認する。
- 事実確認で名前の挙がった生徒についても事情を聞く。
- 生徒のプライバシーと守秘義務には十分留意する。

(2) 問題行動の原因分析と生徒に応じた指導方針の確立

> 事実確認と指導方針決定までの期間，4 人には自宅待機の指導を行い，担任が
> 家庭と密に連絡をとった。その間指導方針を検討した結果，原付バイクに乗っ
> ていた生徒 1 人と喫煙した生徒 3 人の指導を分けて行うこととした。

160

第3節　非行問題対応事例：高等学校

- 問題行動の原因や背景を考えた生徒のアセスメントの実施（生育歴，学習面，心理社会面，進路希望，家庭環境，健康面など）を行う。
- 発達障害やそれに伴う二次障害の可能性が考えられる場合は十分配慮する。
- 確認できた事実に基づきつつ，あらかじめ学校で規定している明確な基準に基づいて，生徒自らで考え・実行・継続できる指導方針を検討する。
- 方針検討の結果から校長が指導の可否を判断し，教職員間で方針を共有する。

(3) 希望をもたせる指導

指導は登校による差別指導（学級内謹慎）を行うこととなり，今回の問題行動のほかこれまでの学習や生活などの反省，今後の学校生活のあり方を，担任をはじめとする教師と話をする機会を設けた。またスクールカウンセラーも全員と面談を行い，うち1人の学習のつまずきから学習障害の可能性があることが指摘された。

- 別室指導が問題行動の罰と理解されないようにし，生徒が自分の行動を振り返り，将来に希望や目標をもち，自己指導能力を高めてより充実した学校生活を送るための契機となるような指導とする。
- 基本的生活習慣や学習，友達関係，進路，余暇の過ごし方などについて話し合う機会をもち，今後の学校生活の改善に向けた指導を行う。
- 教師のほかにスクールカウンセラーなど人的資源を活用して指導を行う。

(4) 保護者への説明と協力関係の構築

- 対象生徒および保護者に事実関係と指導方針の内容を十分に説明し，保護者の理解と協力を得られるようにする。
- 保護者からの弁明や反論があった場合は，しっかり聞き対応を検討する。

(5) 成長を促す生徒指導を進める

- 教師は共感的・受容的な態度で接し，生徒が自己存在感をもてるよう，生徒との信頼関係を築けるように指導を行う。
- 別室指導終了後に以前より生活や授業態度が悪化する生徒もいる。反省指導期間終了を指導の終了とせずにかかわりを途切れさせないことが重要となる。

161

column	
9	# 非行問題についての社会学的理論

　高原（2002）によると，20世紀半ばまでのアメリカ社会病理学では，人々を経済的・職業的社会階層で区分した一元的社会観のもとで非行を捉えた学説が発表されていた。コーエンの非行下位文化の理論や，ミラーの下層階級の文化の理論などである。しかし，1960年以降，マスメディアや公教育の発達と地域社会の広域化によって，文化価値体系の普遍的な状況が進展すると，一元的社会観からしだいに多元的な社会観の見方に移行していった。

　本コラムでは，20世紀前半の一元的社会観からみた非行少年の特性や行動の特徴を説明したい。現代の非行少年との類似性もあり，対応の仕方において示唆が得られるからである。

1．非行下位文化の理論（コーエン，A. K.）

　単純労働者階級は，中産階級の文化（世間一般）とは異なる下位文化をもつという説である。コーエンは中産階級の文化の特徴を以下のように示している。

中産階級の文化

・向上心をもち，個人的責任の倫理に基づいて業績主義的評価をすること

・直接的満足よりも長期的目標に立った合理的計画性を重視すること

・マナーや礼儀を尊重すること

・文化的な価値を尊重すること

・攻撃性を抑えて，健全なレクリエーションを行うこと

・清潔さや整然さに留意すること

　非行少年は，単純労働者階級の家庭，地域で生育されることが多く，そこで下位文化を内面化し，特有のパーソナリティをもつようになる。その結果，単純労働者階級の人々は，中産階級の文化を押しつけられることに適応できず，

その反動形成として下位文化を形成し，その価値軸にそった行動をとるようになる。これが非行の原因となる。中産階級の文化を否定することで，自分たち独自の存在を確認するのである。

2．下層階級の文化の理論（ミラー，W. B.）

　ミラーは上流・中産階級の文化と認知レベルにおいても明確に対立する文化的特質を描き，その中で伝統的に継承されている文化の諸特質（典型的な生活様式や価値観）が彼らの非行の直接の原因であると主張した。諸特質の6つの特徴が次のように示されている。下の説明は筆者の補足である。

⑴Trouble：世間の中で紛争を起こし，冒険的なふるまいを試みること

　　路上などの歩行中，いろいろな人に因縁をつけたりして，けんかをふっかける。

⑵Toughness：力強さを誇示し，男らしい頑強さを証明すること

　　入れ墨や威圧的な服装を周りに見せつけ，自分の強さを誇示する。

⑶Smartness：他人をだまし，いつも機知的で金銭を獲得する抜け目のなさを備えている

　　「だまされる奴がバカなんだ」と平気で嘘をつき，金銭を獲得する。

⑷Excitement：スリルや冒険を求め，常に心的に昂揚していること

　　退屈を嫌い，利那的でもお祭り騒ぎや，法に触れてもスリルを求める。

⑸Fate：自分に都合の悪いことを運命的なものとして片づける宿命論に立つ

　　都合の悪いことは，生まれが悪いからだと自分ではどうしようもないことに原因を帰属して，改善を試みること自体を避ける。

⑹Autonomy：外的拘束から自由であり，集団自律性を尊重すること

　　社会のルールやマナー，常識を意識的に無視して，自分たちのやり方を通して，自分たちの存在を誇示する。

　非行少年はこのような下位文化に同調する結果，世間一般の社会に不適応になる。それを合理化しようとして，さらに非行行動を維持するようになる，というものである。

column
10

行為障害・素行障害 (Conduct Disorders) とは

1. 医学上の概念で捉えた非行行為

　非行行為を医学上の概念で捉えたものに，WHO で制定された「国際疾病分類第 10 改訂版：ICD-10」では「行為障害」，アメリカ精神医学会の「精神疾患の診断・統計マニュアル：DSM-5」では「素行障害」という概念がある。

⑴ **ICD-10 での行為障害**：反復し持続する反社会的，攻撃的，あるいは反抗的な行動パターンを特徴的とする。診断の根拠となる行動は，度を越したけんかやいじめ，他人や動物への残虐行為，所有物へのひどい破壊行為，放火や窃盗，繰り返し嘘をつくこと，学校のずる休みや家出，度重なるひどいかんしゃくや反抗である。

⑵ **DSM-5 での素行症 / 素行障害（CD）**：他者の基本的権利を侵害していると明らかに考えられる行為，年齢相応の社会的規範やルールを守らず，反社会的な行動を起こし続けてしまう疾患とされている。

　発症の要因として，生物学的要因と環境の両方に原因があるとされ，これらが複雑に作用し合うことで発症すると指摘されている。生物学的要因では，セロトニン濃度が通常よりも異なる数値で見られる，攻撃性と関連しているデハイドロエピアンドロステロン（DHEA）の数値が高いことが明らかになっている。

　環境要因としては，家族（親の子どもに対する拒絶や無視・厳しすぎるしつけ・身体的虐待・夫婦が別居するなど不仲・家庭内の経済状況の悪化など）や仲間から拒絶されているなどの孤独感を感じてしまうことで，反抗心が形成され，最終的に反社会的な行動を起こしてしまうことが指摘されている。

　行為障害（素行障害）は，注意欠如・多動症（ADHD）と反抗挑発症 / 反抗挑戦性障害（ODD）との併存が多いことが指摘されている。

DSM-5では，注意欠如・多動症（ADHD）は，不注意，多動性，衝動性を中核症状とする神経発達障害に分類される脳機能障害である。その中核症状は就学前から出現し，就学後は学習面と行動面の困難さなどの不適応が顕在化する。約1/3〜1/2の症例において，症状が思春期から成人まで遷延する。

同様に，反抗挑発症／反抗挑戦性障害（ODD）は，親や教師など目上の人に対して拒絶的・反抗的な態度をとり，口論をしかけるなどの挑戦的な行動を起こしてしまう疾患である。

その症状として，以下のようなものがある。

- **怒りっぽく／易怒的な気分**：周囲からの刺激に過敏になり，すぐにイライラしてしばしばかんしゃくを起こしたり，腹を立てて怒ったりしてしまう。
- **口論好き／挑発的行動**：目上の人に決められたルールに積極的に反抗し，わざと周囲をイライラさせ，失敗や失礼な行動の原因を他人のせいにする。
- **執念深さ**：周囲の人との間に起こった出来事を根に持ち続け，他人に対してやさしくなれない状態が半年に少なくとも2回発生する。

子どもの健全な発達に反抗期は必要なものではあるが，反抗期と反抗挑戦性障害を見きわめることはむずかしい。見分けるポイントは，反抗的な行動の発症頻度・症状の重さが通常の反抗期を超えている場合で，反抗挑戦性障害と診断される。

成人期になると，一途で協調性がない，ささいなことでけんかをする，衝動買いなど，金銭管理が困難などの問題が生起することもある。

2．注意欠如・多動症（ADHD）の二次障害としての行為障害・素行障害

注意欠如・多動症（ADHD）がある人がその診断を受けずにいると，日常の行動や態度が不注意，多動性，衝動性から出現した症状と理解されず，家族や教師から頻回に叱責を受け，友達からいじめられるリスクも高まる。その結果，二次障害（障害に起因する困難さとは別の二次的な情緒や行動の問題が出てしまうこと）として，行為障害・素行障害を発症する可能性が高まる。

第 **11** 章

学級崩壊・授業崩壊の理解と対応

第1節　学級集団と学級崩壊

　一斉形態の授業や学級活動が成立しない，いわゆる学級崩壊の問題が1990年代半ば頃からマスコミに取り上げられ，社会問題となった。文部省も1999年に『学級経営の充実に関する調査研究（中間まとめ）の概要』で「学級がうまく機能しない状況」を，「子どもたちが教室内で勝手な行動をして教師の指導に従わず，授業が成立しないなど，集団教育という学校の機能が成立しない学級の状態が一定期間継続し，学級担任による通常の手法では問題解決ができない状態に立ち至っている場合」と定義している。

　全国連合小学校長会（2006）は，学級崩壊の状態にある学級は小学校の8.9%にのぼると報告し，2024年現在もこの状況が改善されたという報告はない。

❶ 学級集団と学級経営

　学級は，教師という成人をリーダーとし，同年齢の子どもたちによって組織される，最低1年間メンバーの固定された集団である。集団とは単なる人々の

第1節　学級集団と学級崩壊

集まりではない。集まった人々の中に「共有する行動様式」，いわゆる対人関係や集団として動く際のマナーやルールが共有されている人々の集まりである。

　学級集団が集団として成熟すると，その学級集団は教育環境として高まっていく。子どもは学級で生活する中で，相互に学び合って社会性を身につける。親和的な人間関係の中で，自分を対象化する作用が生まれ，自己の確立を促進する。つまり，教育環境の良好な学級集団は，所属する子ども一人一人にとっての居場所となり，学級集団での集団体験が，彼らの心理社会的な発達を促進するのである。これが「望ましい集団活動」での学びである。

　学級経営とは，教師が学級集団において，学習指導と生徒指導を統合して展開することである。つまり，教師が学級集団のもつ学習集団と生活集団の2つの側面を統合し，子どもが教育課程を通して獲得される教育課題と，人間としての発達上の課題である発達課題を，統合的に達成できるように計画・運営することである。そしてその学習場面として，対人交流，集団体験を伴った授業や学級活動，行事などが設定されている。

　教師と子ども，子ども同士の間に規律と信頼感がある学級集団（教育力のある学級集団）では，子どもは教師やほかの子どもたちとかかわることを通してさまざまな影響を受け，そこから自ら学んでいく。教育力のある学級集団とは，人間関係の相互作用の力が豊富になっている状態の学級である。

　すでに学級という集団が，グループアプローチの土壌になっているといえる。グループアプローチとは，個人の心理的治療・教育・成長，個人間のコミュニケーションと対人関係の発展と改善，および組織の開発と変革などを目的として，小集団の機能・過程・ダイナミックス・特性を用いる各種技法の総称である（野島，1999）。グループアプローチは，その目的を達成する方法として，集団の機能や特性を積極的に活用する。集団の機能や特性とは，同じ集団に所属する者同士の協働の活動や，日々の集団生活の中で発生する，人間関係の相互作用である。メンバー同士が相互に影響を与え合う力である。

　教育力のある学級集団の育成，その学級集団での活動や生活を通して，教育課題のみならず，子ども一人一人の心理社会的な発達（発達課題の達成）を促

第 11 章　学級崩壊・授業崩壊の理解と対応

進することも，学級経営の目標の 1 つである。このような学級経営が，心の教育，学校教育の目的を具現化するのである。

❷ 学級崩壊とは

理想の学級集団とは，子ども同士の間に規律（ルール）と信頼感（リレーション）があり，一人一人の情緒が安定し，子ども同士の人間関係の建設的な相互作用が豊富な状態の集団である。この集団での生活体験を通して，子ども個々の教育課題のみならず発達課題の達成も促進される。これが望ましい集団活動を通した学びである。集団の構造として次の 2 点の確立が目安になる。

A：学級内の規律・ルールの確立
　　　　　　　　　　　　　　　　　　　理想の学級集団：A＋B
B：学級内の親和的・支持的な人間関係の確立

一方，崩壊した学級とは，集団を単位とした教育活動を展開できない状態にある学級である。例えば，教師が指示をしても子どもは私語，手遊び，はいかいをして一斉形態の授業や学級活動が成立しない場合や，学級内に 2～3 人の固定した小グループが複数でき，相互にかかわりがなくしらけた状態，あるいは，対立した状態で教室全体が騒然とした雰囲気になっているなどの状態が多い。

学級も 1 つの社会的集団である。つまり，集まった人々が一緒に生活していくための最低限のルールが存在している。学級崩壊した学級は集団として成立しておらず，集団生活における最低限のルールが確立していない。そのような中では，教師と子どもの間に，子ども同士の間に，通常の生活やコミュニケーションの成立もむずかしくなっている。したがって，学級の全構成員による活動（授業，活動，行事への参加など）も成立しないわけである。

河村が 2005～2006 年にかけて行った調査より学級の崩壊の度合いを整理すると，次の(1)～(3)のようになる。なお，説明に用いた記号の意味は以下となる。

A（規律・ルールの確立のレベル）　　　：A＝十分，a＝未熟，－a＝退行，－A＝崩壊
B（親和的・支持的な人間関係の確立のレベル）：B＝十分，b＝未熟，－b＝退行，－B＝崩壊

168

第1節　学級集団と学級崩壊

⑴ 学級崩壊──初期：A＋b or a＋B

　学級編成替え直後などの集団形成が始まる段階では一般に見られる状態で，教師たちもこの状態を深刻には受けとめていないことが多い。

　さらに，⑴タイプは，主に次の2つのタイプに分かれる。

⑴-1　かたさの見られる学級集団（かたさ型）：A＋b

　集団は教師の指導のもと，規律は確立しているが，子ども同士の親和的な人間関係の形成が部分的であったり，全体的に低調である。教師による学力や活動の取組みに対する評価によって，学級内の子どもたちの間には地位の高い子どもと低い子どもというヒエラルキーができやすく，その結果，人間関係の形成も広がりにくい状態になっている。子どもたちには教師の評価を気にする傾向があり，リーダーになる子どもも固定してしまうことが多い。

⑴-2　ゆるみの見られる学級集団（ゆるみ型）：a＋B

　学級全体に規律・ルールの確立がいまひとつで，子どもは気の合う数人の友達とかかわっている状態である。一見元気でのびのびとした雰囲気があるが，授業では私語が見られたり，係活動も低調になっている傾向がある。子ども同士の人間関係の軋轢レベルのトラブルも，たびたび発生する状況である。

　子どもが小集団で固まり，その小集団が乱立して相互のかかわりも少ない状態が続くと，子どもは学級集団への帰属意識が低下し，学級全体での協働的な活動や学習も成立しない状態になることが多い。

⑵ 学級崩壊──中期：（－a）＋（－b）

　⑴の状態の学級集団に対して，教師の適切な指導がなかった場合，時間の経過とともに教師が提示した規律に反発・無視したり，子ども同士の人間関係も防衛的になったり，敵対的なものになったりと学級集団は退行していく。これが不安定な要素をもった／荒れの見られる学級集団（不安定型）であり，AかB，どちらかの崩れがほかの崩れを誘発し，相乗的に悪化してくる。

　⑵の状態は，⑴の「かたさの見られる学級集団」から崩れた場合と，「ゆるみの見られる学級集団」から崩れた場合とが考えられる。

169

第 11 章　学級崩壊・授業崩壊の理解と対応

⑵－1　かたさの見られる状態から崩れた不安定型の学級集団

　学習や日常の行動面で教師の評価の低い子どもたちが固定化し，徐々に教師の指示に対して無気力になったり，消極的な攻撃行動としてサボタージュが見られたりする。また，その中で教師に反発して，逸脱行動をしたり，教師に反抗して意識的にルール破りをしたりする子どもも見られる。学級内の規律が崩れ始め，それに触発されるような形で，抑えられていた欲求が他者攻撃となったりして，子ども同士の関係もギクシャクしていく。反抗型の荒れである。

⑵－2　ゆるみの見られる状態から崩れた不安定型の学級集団

　管理される息苦しさが少ない中で，子どもたちは比較的自由にふるまうことができているが，学級内の規律の定着度が低い中で，子どもたちの間で徐々にトラブルが頻発していく。その不安から身を守るため，子どもたちは3〜4人の小グループを形成することが多い。さらに小グループが乱立して，グループ対立が起こり始め，学級内の規律とともに学級内の人間関係も崩れていくのである。集団不成立型の荒れである。

　2つの場合とも，集団が退行し始めると，一斉授業や活動に一部支障が出始め，教師は個別対応をする比重が高まり，全体への対応の比重が低下するという悪循環に入っていく。学習や活動の成果も徐々に低下していく。個別対応は反社会的な問題，非社会的な問題の両方が発生する可能性が高まってくる。

⑶ 学級崩壊——後期：（−Ａ）＋（−Ｂ）

　完全に崩壊した学級（崩壊型）である。学級のきまりは無視され，規律が完全に崩れている。その結果，授業は成立しにくく，係活動，掃除や給食活動の実施にも支障が出ている。教師の指示はほとんど通らず，反発が起こり，学級は騒然とした雰囲気の中で，子ども同士の間にはトラブルが頻発している。いじめ問題や不適応問題がかなりの比率で見られる。

　もちろん「⑵不安定型」と「⑶崩壊型」の間には，いくつかの段階がある。また「⑶崩壊型」にもいくつかのレベルが考えられる。

第1節　学級集団と学級崩壊

　学級崩壊というと(3)の状態を指す場合が多いが，学級という集団が有する教育的作用が低下している状態という点を考えると，(1)，(2)の状態であっても適切な対応が必要とされる。そして，学級崩壊の問題は，授業が成立しない状況の中で，単に子どもたちの学習する権利を奪っているという点だけではなく，集団生活を通した心理社会的な発達の促進に有効な働きができていない，という面を，教師はより深刻に受けとめる必要がある。

❸ 学級崩壊と授業不成立

　崩壊した学級の問題の１つとして，集団を単位とした授業の不成立がある。この場合，教師の指導行動が学級の子どもにまったく受け入れられず，規律のある，まとまった授業を展開できない状態を指すことが多い。

　「(3)崩壊型：（－A）＋（－B）」の段階では，ほとんどの場合，一斉授業が成立しない。過半数の子どもが教師の指示を無視するか反発して素直に従わず，授業に向かわないからである。

　しかし，「(2)－1かたさの見られる状態から崩れた不安定型：（－a）＋（－b）」の段階では，つねに授業不成立になるとはかぎらない。中学校や高等学校の場合は，特定の教師の場合だけ授業不成立が起こるからである。これは学級集団の状態とその教師の指導行動の発揮の仕方のミスマッチが原因である。同様のことが小学校の特定の教師に起こった場合，その学級集団はその後早い段階で「(3)崩壊型」の状態に陥ることが多い。学級担任がすべてのことを一人で担当する小学校では，学校生活で最も多くの時間数を占める授業でその教師の指導行動が学級の子どもにまったく受け入れられなくなったら，その影響はすべての場面に伝播してしまうからである。

　また，ほとんどの子どもが，教師に反発もせず静かに椅子に座っている状態で，かといって主体的な学習にも向かえていない中で，他を威圧するように教師が一方的に講義しているだけの授業は，真の意味では授業成立と言いがたい。しかし現在の教育現場においては，このような状態は必ずしも授業不成立とは考えられていない実態がある。

171

❹ 今日の学級経営のむずかしさ

　1980年代半ばから深刻化してきた不登校やいじめなどの問題の背景には，その最大公約数として子どもたちの対人関係形成力低下の問題がある。その背景には，家庭や地域社会の中での体験学習の不足が考えられる。1992年の「不登校は誰にでもおこりうるもの」という文部省の発表は，この問題が，子どもたちに広く一般化していることを明示したともいえる。

　今日の子どもたちに見られる，対人関係をうまく形成・維持できない，過度に不安や緊張が高くなる，ストレスを適切に処理できないなどの傾向は，対人関係を避ける，逆に攻撃的になるなどの行動や態度として表面化しやすく，子どもたちが集まり，共に活動し生活する学校，学級という場面で，対人関係に起因したさまざまなトラブルを発生させている。教室は，いまや子どもたちにとって，とてもストレスフルな場所になっているのである。

　学級活動や学級生活が成立しないという「学級崩壊」の問題は，子どもたちの対人関係のむずかしさが，よりいっそう深刻化したことを物語っている。学級という集団に対して，一部の子どもたちが不適応になる（不登校）段階から，学級という枠の中で，子ども同士で集団を形成することができなくなってきた，ということである。このような事態が，情緒が比較的安定しているといわれていた，児童期の小学校でも発生していることは衝撃的である。

　まさに，不登校と学級崩壊の問題は，連続している問題であり，子どもたちの対人関係の視点から考えると，その深刻さがいっそう悪化した現象が，学級崩壊なのである。

　今日の学級経営のむずかしさは，対人関係形成力の低下した子どもたちが防衛的なかかわり方をしてしまい，それが人間関係の軋轢に結びついているという側面が大きい。したがって教師も，学級編成と同時に子どもたちを学級という枠の中で，他者とどのようにかかわらせ，学級の一員としてどのように集団形成・生活にかかわらせるかを考え，そのための意欲とスキルをまず教育しなければならない。まず集団づくりから始めなければならなくなったのである。

第2節 学級集団が崩壊する際の学校種ごとの特徴

❶ 小学校に見られる学級崩壊の特徴

　小学校の多くは学級担任制をとる。学級担任制は学級の独立性，一人の担任教師の学級の教育活動に対する権限と責任が，教科担任制と比べるときわめて高くなる。プラス面は教育活動をトータルで実施することができること，すなわち，学習指導と生徒指導を統合して展開しやすいため，一つ一つの教育実践の効果を相乗的に高めることができることである。一人の子どもを見る時間，対応できる物理的時間も多くなり，より細やかな対応が可能になるのである。しかし，プラス面はそのままマイナス面になりうる。教育活動の大きな指針が子どもの実態，学級の実態とずれてしまった場合など，一部の対応のむずかしさが全体に広がりやすいのである。

　小学校に見られる学級崩壊の深刻さは，学級担任制をとっていることの影響が大きい。一人の担任教師が学級活動だけではなく，授業のほとんどを担当するので，最初は一部の子どもたちとの関係性の悪化，逸脱行動への対応の遅れであったものが，学級全体に広がる可能性が高い。そして，教師のリーダーシップが子どもにほとんど受け入れられなくなると，学級が集団として成立しなくなってしまうことが多いのである。

　さらに，学級の独立性が高い学級担任制では，特定の担任教師の学級経営に対して，ほかの教師が指摘やアドバイスをしにくい雰囲気ができてしまう。その結果，悩んでいる教師が学級経営の問題について周りに SOS を出したときには，事態はかなり深刻になっている場合がきわめて多いのである。

　小学校の学級崩壊の問題を学年別に見ていくと，次のような傾向がある。

　低学年は，小学校に入学したばかりの子どもが，教師の話をじっと聞けない，授業中に歩き回るなど，落ち着いて学校生活を送れないという「小1プロブレム」の問題に代表されるように，集団として生活していくためのルールが成立

173

第 11 章　学級崩壊・授業崩壊の理解と対応

しない中で，トラブルや個人の自己中心的な行動が横行するようになる集団不成立型の学級崩壊が多い。前述の学級集団の状態から説明すると，「(1)－2 ゆるみ型」から「(2)不安定型」，そして「(3)崩壊型」というパターンである。

　中学年，高学年は，担任教師の学級経営方針，リーダーシップスタイルのタイプによって，集団不成立型，反抗型の学級崩壊が混在する。前述の学級集団の状態から説明すると，「(1)－1 かたさ型」「(1)－2 ゆるみ型」のどちらかから，「(2)不安定型」，そして「(3)崩壊型」というパターンである。

❷ 中学校に見られる学級崩壊の特徴

　思春期特有の自己に対する不安定さは，親や教師への反発，級友の視線・評価に対する不安が高まりやすく，学級における子どもの態度や行動には，次のような傾向が顕著になっていく。まず，子どもの同調傾向が高まる。自分で考え判断して行動するよりも，周りの多数派や一部の自己主張的な子どもの言動に同調する傾向が強くなる。その結果，学級が一部の逸脱行動を繰り返す子どもに牛耳られてしまう可能性も高くなるのである。

　また，学級集団全体という大きな集団に所属しているという意識が低下し，身近な 3〜4 人の小グループを形成し，その中の閉じた人間関係を優先した態度や行動をとりがちになる。その結果，学級は小グループが乱立しやすく，学級全体の活動，人間関係に支障をきたすのである。

　同時に，小グループに所属できなかった子どもは，学級内で友達関係を形成することを早い段階で放棄してしまい，学級の生活・活動に無関心な態度や行動をとりがちになる。こういう子どもの比率が少なくなく，前述のことと同様に，学級全体の活動，人間関係に支障をきたすのである。

　中学校ではこのような子どもたちの発達段階の傾向から，学校の規則の中で主体的に行動する習慣を身につけさせるという指導が，小学校に比べて多く，学級崩壊は反抗型が中心になる。前述の学級集団の状態から説明すると「(1)－1 かたさ型」から「(2)不安定型」，そして「(3)崩壊型」というパターンである。

　中学生は仲間集団の中で建設的な「われわれ意識」をもって生活・活動する

ことで心理社会的な発達が促進される。教師が反抗型の学級崩壊に適切に対応していくことは，教育の本質にかかわる問題である。学級崩壊の対応として，学級での子どもたちの協働活動の取組みを弱めるだけでは問題解決にならない。中学校でも増えてきた集団不成立型の学級崩壊につながるだけである。

〈中1ギャップ〉

　中学校1年生の不登校発生件数は，小学校6年次の不登校発生件数の3倍を超えている。その原因の一つとされ，小学校から中学校への学校生活や活動の上での大きな変化が子どもたちの適応に強い影響を与えている問題を，「中1ギャップ」という。

　学級集団の状態から中1ギャップの問題を見ると，小学校に比較的多く見られる「(1)−2 ゆるみ型」と中学校の主流となっている「(1)−1 かたさ型」の，集団の状態の大きな差がギャップとなって不適応を起こしている場合が多い。

　子どもにしてみれば，小学校までは先生に個別に対応してもらうことが多かったのに，中学校になったら一斉に指示を出されることが多くなり，その指示を受けて自己判断して行動しなければならなくなる。指示と違う行動をすると注意される。このような中で，特に小学校時代に教師から個別対応を受けながらなんとか生活・活動してきた子どもは，徐々にどうしていいかわからなくなり，学業不振や学級不適応にいたってしまうと考えられる。

---

❸ 高等学校に見られる学級崩壊の特徴

　学力試験の成績で入学が選別される高等学校では，入学してくる子どもたちの層によって，学校の雰囲気はかなり違ったものになる。

　おもなタイプとして次の3つがある。子どもたちの学力が相対的に高く，大学進学のための指導が中心となる「進学校」，子どもたちの学力は相対的に中位で進学指導と就職指導が混在する「進路多様校」，子どもたちの学力は相対的に下位で就職指導が中心となっている「非進学校」である。

　高等学校の学級崩壊の問題を学校タイプ別に見ていくと，次のような傾向が

第 11 章　学級崩壊・授業崩壊の理解と対応

ある（通信制など近年多様化してきた高等学校の問題は第 15 章参照）。

⑴ 進学校

　学級崩壊の問題は相対的に少なく，特定の教師の場合だけ，学級集団の状態とその教師の指導行動の発揮の仕方のミスマッチが原因となる授業不成立が見られる。

　ただ，学校行事や学級活動の時間を大幅に削減し，学習指導に特化した予備校のような学校では，子ども同士のかかわりも少なく限定的になっている。その結果，人間関係に起因した集団の崩れが発生することは少ないが，日々の集団生活の中で発生する人間関係の相互作用も少ないという状況がある。

⑵ 進路多様校

　中学校と似た状況が見られる。学校の規則の中で主体的に行動する習慣を身につけさせるという指導が多く，その結果，中学校同様に学級崩壊は反抗型が中心になる。

　前述の学級集団の状態から説明すると，「⑴－1 かたさ型」から「⑵不安定型」，そして「⑶崩壊型」をたどるというパターンである。ただ近年は中学校と同様に，集団不成立型の学級崩壊も増えている。

⑶ 非進学校

　入学当初から学校というものに不適応感を抱いている子ども，不本意入学の子どもも多く在籍している。また，知的障害や発達障害のある子どもの割合も高くなっている。基礎的な学力が身についていないだけではなく，基本的な生活習慣が身についていない子どもや授業に関心を示さない子どもの比重も高くなっている。

　このような状態では，集団内の規律を徹底させるための管理的な指導が多くなることが想定される。しかし実態を見ると，「⑴－1 かたさ型」の状態を形成することも困難なことが多く，最初から「⑵不安定型」の状態を示し，そして「⑶崩壊型」の状態へいたる，というパターンが多いのである。その様相も，反抗型の面を含みながらも，大きく捉えると集団不成立型の学級崩壊が多いといえる。

第3節　学級崩壊予防の指針とその考え方

　子どもたちの間に対人関係や集団として動く際のマナーやルールを共有させて生活や活動させることがむずかしく，集団として成立しないのである。

　「非進学校」では子どもたちの実態に対して，教師が組織的に対応できているかどうかで，学級崩壊の出現率や退学の発生率が大きく分かれる。

　以下の2点への取組みが必要不可欠なポイントである。

- 現状の子どもたちの実態（学習面，生活面）を客観的に押さえ，実態から教育プログラムを柔軟に組めるかどうか。不適応への予防・開発的な取組みを計画的に実施しているかどうか
- 特別支援が必要な子どもへの対応が組織化されているかどうか

第3節　学級崩壊予防の指針とその考え方

❶ 学級集団の状態を把握する

　集団は，「成熟」と「退行」という2つの相反する力のバランスで形成されていく。時間とともに成熟していく場合もあれば，退行し，崩壊していく場合もある。

　集団の崩壊，不成立は一気に起こるものではなく，徐々に進行していくものである。したがって，集団の崩れを把握して，早期に具体的な対応ができれば，学級崩壊は未然に防げる。文部科学省も「学級がうまく機能しない状況」に対して，学級崩壊にいたる前に，(1)早期の実態把握と早期対応，(2)子どもの実態を踏まえた魅力ある学級づくり，の対応をとることを指導している。

　そしてこの取組みは，学級崩壊の予防だけではなく，学級という教育環境を向上させるための取組みなのである。その意味でも，学級集団の状態の実態把握は重要であり，教師はそのための手法に習熟していることが望まれる。

　Q-Uは学級集団をアセスメントする標準化された心理検査であり，全国の

177

学校現場に広く定着している。実施・活用についての研究会が全国各地で毎年開催されているので，参考にしてほしい（コラム11参照）。

❷ 学級集団の状態ごとの教育成果

　学級が「(2)不安定型」や「(3)崩壊型」の状態になると，子どもの逸脱行動や教師への反発がしばしば見られ，教師にも困り感が生じ，何とかしようと対応する。だが，「(1)-1 かたさ型」や「(1)-2 ゆるみ型」の状態の段階では，一部の子どもは困り感を感じているものの，教師自身に困り感は少ないので，この時点で学級集団形成を強く意識する教師は少ない。結果的に，一部の子どもの困り感を教師は見逃してしまい，かつ，この時点での学級集団の退行・崩壊の兆候にも気づかないのである。

　しかし，「(1)-1 かたさ型」や「(1)-2 ゆるみ型」の状態のとき，学級集団は確実に集団として退行・崩壊の流れに陥っており，学級という集団が有する教育力は低下している。**図11-1，2**と**図9-5，6**（第9章）はその実態を如実に物語っている。

　学級集団の状態によって，教育効果は大きく異なるのである。教師は学級集団をある程度客観的にアセスメントする方法を身につけておく必要がある。

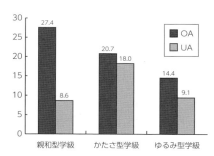

図11-1　学級集団と学力／OAとUA
　　　　（P179，注）の出現率（小学校）
　　　　　　　　　　　　　　（河村，2007）

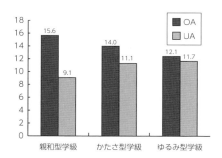

図11-2　学級集団と学力／OAとUA
　　　　（P179，注）の出現率（中学校）
　　　　　　　　　　　　　　（河村，2007）

第3節　学級崩壊予防の指針とその考え方

❸ チームで行う学級経営

　多様化，深刻化する生徒指導の諸課題を解決するために，生徒指導提要（文部科学省，2022）では学級・ホームルーム担任が1人で問題を抱え込まずに，チーム（連携型支援チームなど）で対応する必要性を指摘している。学級経営もその範疇に入る。近年の学校現場で取り組まれている学級経営へのチームでの対応は，「学年担任制」と「全員担任制」である。

　学級担任制が学級を1人の教師が担当するのに対し，「学年担任制」とは学年の学級数と同じ教師数でその学年を担当し，担当を交代していきながら複数の教師が学年全体を担当する制度である。朝の会・給食・掃除・帰りの会も複数の教師が交代で指導にあたるのである。「全員担任制」は，学級数を上回る教師数（中学校では副担任を含めた人数が多い）で学年全体を担当するものである。ちなみに，中学校や小学校の高学年で実施されている「教科担任制」は，学級担任が年間を通して存在し，教科によって担当者が入れ替わるものである。

　チームでの対応のプロセスは，①学年の子どもたちのアセスメントの実施，②課題の明確化と目標の共有，③チーム支援計画の作成，④支援チームによる実践，⑤点検・評価，である。この各段階で「1. 学級集団の状態を把握する」取組みが大事である。

注：測定された学力の定着度が，知能指数から期待される到達点よりも，一定水準以上高かった場合を「オーバーアチーバー（overachiever, 以下 OA と表記）」，一定水準以上低かった場合を「アンダーアチーバー（underachiever, 以下 UA と表記）」という。OA の状態の子どもは，良好な学習環境，高い学習意欲，効果的な学習方法の活用によって，学習の定着がとても高くなっていると判断される。逆に，UA の状態の子どもは，何らかの要因で学習が定着できていないと判断される。

179

第**12**章

家庭・地域・関係機関との連携

第1節　地域社会と学校との関係

　地域社会と学校の関係は，家庭との関係も含めて変化してきている。地域の中の学校として，地域に住む大人は学校教育への協力を惜しまず，あたりまえのように学校のために手を貸してくれた時代があった。大人たちは，どこの家の子どもかよくわかっていて，地域の子どもとして，わが子と同様にほめ，叱りながら育て，子どもは地域とのかかわりの中で社会性を身につけ，自分の役割を果たすことで自己有用感や自己肯定感を高めることができていた。しかし，現在，そのような地域と学校はほとんど残されていない。

　家庭，地域の教育力の低下を憂慮して，2006年に改正された教育基本法には，学校，家庭および地域住民などの相互の連携協力に努める内容（13条）が盛り込まれた。それを受けて学校教育法などが改正されるともに，コミュニティ・スクールや地域学校協働本部の設置，放課後子ども教室の実施など，さまざまな施策が展開され，一定の成果が報告されている（文部科学省，2022a）。また，学校教育への地域の寄与という視点とは逆に，2015年には学校を核として

地域力を強化しようとする地方創生のための計画がスタートし（中央教育審議会，2015），取り組みが続けられている。さらには大きな社会変化の中で家庭や地域の共同体としての教育力が低下している事実，一方でそれに対抗しようとする取組みが始まっている事実を踏まえて，あらためて学校と地域の連携・交流のあり方や地域を活かす教育活動のあり方について考える必要がある。

そのためにはまず，地域は子どもの健全育成を図る場となるということを認識しなければならない。そこには，学校が活用できる教育資源としての側面と子どもの社会性や自己肯定感など人間力を身につけさせたり問題行動などに対し協力して取り組んだりする社会資源としての側面という2つの側面がある。

❶ 教育資源としての側面を活用する方法

(1) 地域の実態把握

人的資源や教育環境（地域の歴史と環境，伝統や文化，地域の人材など），子どもの地域における実態（過ごし方，遊び場所，行事への参加状況，地域の人とのかかわり方など）について，自治会やPTAの組織，民生委員や児童委員などを通じて把握する。教師は，地域の環境や子どもの実態を踏まえた上で，教育活動の目的や内容などを計画する。地域教材や人材の有効な活用は，子どもにとってより身近で，切実感のある教育を展開することになり，ひいては伝統と文化を尊重し郷土を愛する心を育てるとともに，人間性の形成につながる。

(2) 学校教育への理解促進

情報の共有（学校からの便りの配付，地域行事の紹介），直接交流の場の設定（学校施設の開放，地域と学校職員の懇談会，学校行事への招待，意見交換会），地域の活動主体との連絡調整（連携のための学校側の窓口担当をつくり，打ち合わせの機会を設定して目的・計画・役割分担などを明確にする）がある。

(3) 体験活動の場として活用

自然体験活動・奉仕体験活動・職場体験活動（教科，道徳，総合的な学習の時間，特別活動，学校行事，子どもの学びのコーディネート）がある。

(4) 地域の人材活用

第 12 章　家庭・地域・関係機関との連携

学習支援ボランティア（環境学習や郷土学習に関する支援，作物の栽培に関する支援，読み聞かせなどの読書活動に関する支援，部活動の指導など），安全ボランティア（不審者などから子どもの安全を確保するため，保護者や住民が協力し，登下校の時間帯に巡視する「安全見守り隊」）がある。

⑸ 学校教育への地域住民の参画（国の施策）

コミュニティ・スクール（学校運営協議会：保護者や地域住民の意見を学校運営に反映させることで，学校と地域が協働しながら，子どもの豊かな成長を支え「地域とともにある学校づくり」を進める），地域学校協働本部（地域住民，団体等が参画し，緩やかなネットワークを形成することにより，地域全体で子どもたちの学びや成長を支えるとともに「学校を核とした地域づくり」をめざして地域と学校が連携・協力する），放課後学習支援・地域未来塾（学習が遅れがちな中学生を対象とした大学生や教師 OB など地域住民による学習支援），放課後児童クラブ・放課後子ども教室（すべての就学児童が放課後などを安全・安心に過ごし，多様な体験・活動を行うことができるような施設と体制を整備），土曜日の教育支援体制などの構築（すべての子どもの土曜日の教育活動を充実させるため，地域人材や企業などの協力を得て教育支援に取り組む体制を構築し，地域の活性化を図る）がある。

❷ 社会資源としての側面を活用する方法

⑴ 子どもの発達を促す

人間関係づくりの活動や交流（日常的なあいさつの奨励，地域子どもクラブ活動への参加や地域行事への参加を促す取組みなど），児童会・生徒会活動による地域への参入（花いっぱい運動，清掃活動，資源回収活動などのボランティア活動，地域でのあいさつ運動，高齢者と交流活動など）がある。

⑵ 問題行動などへの対応

健全な社会環境の整備（好ましくない影響を防ぐ活動），各種団体の連携組織づくり（各種の機関，団体，NPO などとともに地域社会自体の組織化），情報連携（夜間に巡回して地域にいる子どもに声をかける「声かけパトロール」，

第2節　学校と関係機関などとの連携・協働

多くの目で見守る，問題行動の早期発見・早期対応，迅速な情報共有）がある。

　以上のように，学校が教育の目的を達成するためには，地域や学校の実態などに応じて，家庭や地域の人々の協力を得るなど，積極的に家庭や地域社会との連携を深め，働きかけていく必要がある。健全な社会人を育てることが教育の目標であるため，教育を社会と切り離して考えることはできない。

　子どもの学びを，学校内に閉じることなく，地域の人的・物的資源を活用したり，社会教育との連携を図ったりして，社会と連携しながら実現させていく「社会に開かれた教育課程」が求められている。同時に，子どものために地域の人々が連携・協働することにより，失われつつあった共同体としての機能を取り戻し，地域を創生していこうという取組みが進められている。未来のために，学校と地域はさらに密接に連携していくことが求められている。

第2節　学校と関係機関などとの連携・協働

　社会の急激な変化に伴う子どもの問題の個別性・多様性・複雑性に対応するためには，校内の資源を利用したチームによる組織的対応が重要であるが，課題が深刻な場合には，校外の関係機関等との連携・協働に基づく「チーム学校」による地域の社会資源を活用した組織的対応が必要になる。

❶ 学校と関係機関等との連携から連携・協働へ

　学校における関係機関等との連携の重要性はかねてから強調されてきた。文科省は1998年に子どもの問題行動への対応において学校と関係機関との連携の必要性を指摘し，2001年には学校と関係機関等との間での単なる「情報交換」だけではなく，相互に連携して一体的な対応を行う「行動連携」の必要性について提言した。しかし，学校と関係機関等との連携は十分になされていないという評価から，2004年には，「学校と関係機関等との行動連携を一層推進

183

第 12 章　家庭・地域・関係機関との連携

するための取組について」において，地域のネットワークを活用した関係機関等との日常的な連携，学校と関係機関等からなる「サポートチーム」での対応などが通知された。それらを踏まえ，生徒指導提要（文部科学省，2022b）では，家庭や地域，関係機関などの社会資源を学校に取り入れた「チーム学校」で子どもの学びと育ちを社会全体の連携・協働により支えることをめざしている。

❷ 連携・協働のあり方

　学校と関係機関等との連携においても，常態的・先行的（プロアクティブ）と即応的・継続的（リアクティブ）の 2 つの視点で考える必要がある。先行的な連携の例としては，警察署と薬物乱用防止教室を実施することや教育委員会の開催する連絡会へ参加することなどがあり，リアクティブな連携の例としては，虐待の疑いについて児童相談所に通告すること，暴力行為を起こした子どもについて少年サポートセンターと協議することなどがある。同じ機関でも目的によっては連携先が異なることを理解しておくが必要である。

❸ 主な連携先

　校外の連携先は多く，各機関の役割をあらかじめ理解しておく必要がある。子どもの支援に対し効果的な連携先が選択できるようリストを作成し，連絡方法など教職員間で共有しておくことが望ましい。専門機関との連携により子どもを支援するための視点が増えることからも，積極的な連携が望まれる。

第 3 節　教育センターの役割

　生徒指導提要（文部科学省，2022b）によれば，近年の生徒指導上の問題には，発達障害，精神疾患，健康，家庭や生活背景などの多様な背景があることが指摘されている。本節では，各都道府県および政令指定都市に設置された行政機関である教育センターの教育相談的機能について紹介する。

第3節　教育センターの役割

表12-1　学校が連携を行う可能性のある専門機関（森田・田爪・吉田（2024）をもとに作成）

	名称	おもな役割
教育機関	教育委員会	学校の設置・管理
	教育支援センター	不登校児童・生徒の支援
	教育センター	教職員の研修，教育相談に関する事業
福祉機関	児童相談所 （都道府県，政令指定都市に設置義務）	児童生徒の問題全般の相談，児童福祉施設入所への窓口
	市区町村福祉事務所	生活保護，障害児・者への福祉サービスの提供，手当の給付など福祉施策の窓口
	児童福祉施設	家庭で生活ができない児童生徒が生活を行う場所
	母子生活支援施設	経済的困窮，ＤＶなどの理由から母子が生活を行う施設
	児童委員・民生委員	地域の住民からの相談への援助，見回りや登下校の見守りなど
矯正・司法機関	警察	犯罪抑止のパトロール，児童生徒への指導・補導
	少年サポートセンター （全都道府県に設置）	児童生徒を非行や犯罪被害から守る，非行少年の立ち直り支援
	家庭裁判所	犯罪少年の審判，離婚訴訟における親権問題などの判断，養子縁組の手続き
	少年鑑別所	入所した審判前の非行児童に対する情報取集
医療・保健機関	医療機関小児科・児童精神科	医療の提供
	保健所・保健センター	健康，保健，医療，福祉などの相談
	精神保健福祉センター	精神保健福祉全般の相談
障害者福祉機関	発達障害者支援センター	発達障害児・者の発達支援，相談支援，就労支援，普及啓発
政府機関	公共職業安定所	職業紹介，就職支援サービス
その他機関	大学付属心理センター	カウンセリング
	NPO法人・ボランティア団体	フリースクールなど不登校児童生徒の居場所提供，経済困窮家庭の児童生徒への食事の提供など

185

❶ 教育センターの行う教育相談

　教育センターの教育相談は，学校の教育相談活動や地域における教育相談機関を支援する機関として，子どもの成長や教育に関するあらゆる問題について，専門的な観点からの支援提供を目的としている。教育相談の対象は自治体によって異なるが，地域の幼稚園児，小・中・高校生，保護者，教職員などを対象に行われている。相談方法は，来所，電話，オンラインやメールでの相談，訪問相談などさまざまである。いじめや命にかかわる相談については，24時間体制での緊急対応体制を整備している自治体も多い。これらの相談に対しては，専門の相談員が対応し心理支援を行っている。保護者が子どもの発達状況に不安をもち検査を希望する場合には心理検査や知能検査を行い，結果に応じて来所によるさまざまな心理療法や心理支援を継続的に提供している。相談内容によっては外部の医療機関との連携を図るなど，教育センターが窓口となり外部専門機関と連携した支援を行う場合もある。以下は，主な相談内容と対応である。

(1) 学校生活に関する相談

　いじめ，不登校，学習への不安，友人関係の悩み，SNSでのトラブルなどの相談がある。学校復帰が困難な不登校の場合は，学校以外のサポート校や地域のフリースクールなども含めた居場所づくりについて情報提供を行っている。

(2) 家庭生活に関する相談

　子育ての悩みや不安，家族関係，子どもの家庭内暴力，子育てに自信がないなどといった養育や家庭教育に関する相談がある。相談内容によっては，福祉や保健分野などの関係機関につないでいる。

(3) 発達や就学に関する相談

　子どもの発達に関する落ち着きのなさ，緘黙，パニック，言葉等の困りごとや，子どもの発達に関連した学校の就学や転学，進路に関する相談などがある。教育センターでは，子どもの発達状況や希望を考慮し，通常学級，校内通級教室，特別支援学級，特別支援学校等の中から子どもが適切な就学先が選択できるように，情報提供や相談，必要に応じて検査等を行っている。

❷ 課題予防的な援助と困難課題対応的な援助

　教育センターがかかわる子どもは，主に2次的援助や3次的援助を必要とする子どもたちである。教育センターでは，子どものタイプや状況に応じて，個別援助，集団援助，進路指導などのさまざまな方法を組み合わせながら，課題予防的な援助と困難課題対応的な援助を系統的かつ具体的に行っている。

(1) 課題予防的な援助

　課題予防的な援助は，主に2次的援助を必要とする教育上配慮を要する一部の子どものニーズに応じて行われている。この教育上配慮を要する子どもは，学級への不適応感や孤立感などから登校しぶりや不登校になりかけている場合も多い。その場合，子どもの抱える課題改善を目的としたカウンセリングを実施する。本人に発達障害が疑われる場合には，本人および保護者の了解を得た上で心理検査を実施することもある。子どもが教育センターに通所し援助等を希望する場合には，検査結果をもとに課題改善を目的とした個別援助を行う。また集団への適応力を高めるために，段階的にプレイセラピーやソーシャルスキル・トレーニングなどのグループ活動なども実施する。

(2) 困難課題対応的な援助

　困難課題対応的な援助は，主に3次的援助を必要とする個別の援助を特に必要とする子どもや発達障害（ADHD・ASD・LD など）を抱えている子どもに多い。これらの子どもに対する個別援助は，主にその特性に応じた「個別の教育支援計画」に基づき行われている。支援を必要とする一人一人の教育的ニーズを把握し，教育，福祉，医療などと連携した専門的な心理支援を提供し，将来の社会的自立をめざした実務的援助が行われている。例えば学校復帰が困難な子どもには学校以外の多様な学びの場の情報提供を行ったり，不登校などの同じ悩みを抱える保護者や教師には話し合える場の提供を行ったりもしている。また，高等学校卒業程度認定を取得して大学受験や専門学校への進学を希望する子どもには，入学を希望する大学や専門学校で学べる内容，取得できる資格，受験日程，受験科目などについての情報提供も積極的に行っている。

column
11

研究機関の学校サポート

1．学校サポートの実践例

　実践を2つ紹介する。1つは学級経営のサポートである。A小学校は教育委員会の学校支援によって学級集団アセスメント尺度Q-Uの実施を始めて3年目に，Q-U活用理解のために年3回の研修会を行うこととした。研修会の内容は以下のとおりである。

> **第1回**：「Q-Uの基本的理解とQ-U式学級づくり」として，年度初めの4月の第1週目に実施し，第2週からQ-Uの考え方にそった学級経営の布石とした。研修会では，①子どもの理解の仕方，②①の理解に基づいていじめ被害や不登校傾向が強く重大事案に発展する可能性が高い子どもを見つけて早急に対応することとチームで援助すること，③Q-Uの活用として学級集団アセスメントに用いること，④個々の子どもの適応状態を集団の中で捉えることで学級全体に適応状態の偏りがみられ，その偏りが集団の「ルールの確立」と「リレーションの形成」に影響されていることを説明。その上で，⑤集団状態が不十分な学級には学校組織でサポートすることが必要であることを指摘し，⑥さらにQ-Uの活用として「Q-U式学級づくり」を説明しつつ，⑦集団の発達と学級の型の関係や計画的な学級づくりと学級開きと7月までの学級づくりの重要性を指摘した。
>
> **第2回**：「Q-Uの読み取りと活用」として，4・5月の教育活動によって学級集団の状況が変化し，その変化がQ-Uから読み取れる，6月下旬に実施した。具体的には，①「かたさ型」や「ゆるみ型」の学級に移行していることを確認し，②教師自らがリーダーシップの傾向に気づくことによって学級集団が荒れに向かう流れを止めて，③「親和型学級」をめざすように助言した。

> **第3回**：対応策の効果の検討と次の対応として，10月下旬に実施し，2回目の方
> 策の効果を確認しつつ，現状の学級集団よりもより望ましい学級にするための
> 方策を検討した。

　またA小学校では3回の研修会とは別に，3回のオプションの研修会を実施した。1回目は各教師がQ-Uの読み取りと対応策の工夫ができるようになることをねらいとして8月上旬に実施した。2・3回目はQ-U式学級づくりに役立つグループアプローチの手法の獲得と，次年度への取組み・教職員の関係づくりを促進することをねらいとし，2月下旬と3月下旬に実施した。

　もう1つはグループアプローチによる人間関係づくりである。中学生や高校生に対して，4月の第2週にグループアプローチを用いた人間関係づくりを実施した。

　子どもにとって学校における4月の不安は，主に友達との人間関係と学業に関することであるため，人間関係づくりによって不安を軽減することで学校生活への適応の促進を図った。グループアプローチによるサポートはいじめや不登校などの重大事案の未然防止につながったと考えられる。

2．研究機関の学校サポートで留意するべきこと

　学校サポートをうまく進めるためには，学校の実態から課題を見いだし，解決に向けて計画的・継続的に実施することが必要であり，スポット的な学校サポートでは成果は十分に上がらないと考えられる。学校の実態を教職員が自覚することによって，よりよい学校への目標が明確となり，取組み意欲が喚起される。そして，学校サポートによって教職員を「エンパワー」して「やってみよう」と元気を出すことが課題解決の近道となる。

　サポートする側の留意点としては，子どもや教師の安全に配慮することである。学校サポートによる成果を求めて，子どもや教師，学校に無理をさせてはいけない。サポートする側にも倫理が問われるのである。また，安全を確保するためには，教師や学校側も，できないものはできないという姿勢を明確にすることが必要である。

第13章

特別支援教育と生徒指導

　文部科学省（2022）の「通常の学級に在籍する特別な教育的支援を必要とする児童生徒に関する調査」では，公立の小・中学校の通常学級に，発達障害の可能性のある児童生徒が在籍している割合は 8.8%，高等学校では 2.2% であることが報告されている。通常の学級において生徒指導を行う際は，特別な教育支援の必要な児童が在籍していることを想定することが求められる。

第1節　発達障害の基本的な理解と支援

　発達障害者支援法において，発達障害は「自閉症，アスペルガー症候群その他の広汎性発達障害，学習障害，注意欠陥多動性障害その他これに類する脳機能の障害であってその症状が通常低年齢において発現するものとして政令で定めるものをいう」と定義されている。低年齢において発現することから，学校教育段階における支援は欠かせないものである。本節では，まずアメリカ精神医学会が発行している DSM-5 に基づく診断基準を踏まえて，主要な発達障害について基本的な理解のための説明を行い，次に，発達障害のある子どもへの

190

第1節　発達障害の基本的な理解と支援

基本的な支援の展開について説明する。

❶ 発達障害の基本的な理解について

(1) 限局性学習症 / 限局性学習障害

（Specific Learning Disorders　以下，SLD）

　SLD は，全般的な発達に問題はないが，「読む」「書く」「計算する」といっ
た学習技能の習得や使用のいずれかが，極端に困難な状態である。学校の中で
は，教科書を読んだり，ノートをとったりすることに困難がある。学習面での
困難が顕在化したとしても，一見すると障害がないように見えることや，口頭
でのやり取りができることで，周囲から怠けている等の誤解をされ，適切な支
援がないまま二次障害となってしまうこともある。読字，書字や計算について，
人一倍の努力をすることで取り組むことができる子どもも存在するが，そのた
めに，疲れ切ってしまうこともある。「できる」と「できない」の間に「でき
るけど疲れる」が挟まっていることを認識しておくことが必要である（吉川，
2017）。

(2) 注意欠如・多動症 / 注意欠如・多動性障害

（Attention-Deficit/Hyperactivity Disorder　以下，ADHD）

　ADHD は，その年齢に見合わない多動や衝動的な行動，あるいは不注意，
または両方の特性をもっている場合がある。必要な注意ができない，注意が続
かない等の注意力のコントロールが苦手である。多動性 / 衝動性は，多動は落
ち着かず，行動のコントロールができない，衝動はすぐかっとなってしまい，
衝動をコントロールできない等の特性がある。

　多動性衝動性優位型や不注意優位型といったように，ADHD でも，その特
性にはばらつきがある。多動性衝動性優位型では，衝動的に行動してしまうた
め，他者とのトラブルやルールを守れない等で，教室内で叱責を受けることが
多くなるかもしれない。一方で，不注意優位型は目立たないため，教育的支援
が遅れる可能性がある。いずれにせよ ADHD のある子どもは，幼少期からの
失敗体験の積み重ねから，自己肯定感の低下や非行につながりやすいことも指

第 13 章　特別支援教育と生徒指導

摘されており，特性に合わせた早期からの支援が求められる。

(3) 自閉スペクトラム症 / 自閉症スペクトラム障害
（Autism Spectrum Disorder　以下，ASD）

　ASD は，社会的や対人的相互反応の苦手さがあり，対人的，情緒的なやり取り（例えば，興味や感情の共有）のむずかしさ，人とのやり取りにおいて，非言語コミュニケーション（例えば，アイコンタクト）を用いることの困難さ，そして，人間関係を理解したり，発展させたりすること（例えば，見立て遊び）のむずかしさがある。また，行動や興味の幅が極端に狭く，活動が限定されていたり，同じようなことを繰り返すことも診断基準の一つとなっている。自分の関心や，やり方にこだわって，柔軟に対応できないことや，切り替えができずにトラブルとなってしまうことがある。自閉症，高機能自閉症，アスペルガー症候群の人たちは，以前は広範性発達障害（PDD）という名で呼ばれていたが，現在は統一して「自閉スペクトラム症」となっている。共通した困難があり，支援が必要な存在と捉えることで，速やかな支援につながるようにという考え方が推奨されている。

　ASD では，音や光等の感覚刺激に敏感だったり，逆に鈍感だったりすることがある（梅永，2007）。そのため，ほかの人では気にならない音や光が原因で注意の持続がむずかしく，授業に集中することがむずかしいことがある。逆に，誰でも気がつくようなきっかけをつかむことがむずかしく，行動の切り替えや危険を察知することが遅れたりすることがある。

(4) 発達性協調運動症 / 発達性協調運動障害
（Developmental Coordination Disorder　以下，DCD）

　DCD は，協調運動技能の獲得や遂行が，その人の生活年齢や技能の学習および使用の機会に応じて期待されるよりも明らかに劣っている。その困難さは，不器用，運動技能の遂行における遅さと不正確さによって明らかになる。例えば，粗大運動の問題として「飛んできたボールが取れない」「ボールが体の中央にあると，どっちの足で蹴ったらよいかわからなくなってしまう」「縄跳びやスキップができない」等がある。微細運動の問題として，「更衣の際にボタ

192

第1節　発達障害の基本的な理解と支援

ンがはめられない」「ズボンのチャックが閉められない」「線がまっすぐに引けない」「はさみが上手に使えない」「枠からはみ出さずに色が塗れない」等がある（本郷，2019）。

❷ 発達障害のある子どもへの基本的な支援について

(1) 限局性学習症（SLD）のある子どもの支援について

SLDの支援では，本人に合った学習スタイルの獲得が重要となる。SLDのある人は，耳で聞いて物事を理解することが得意なオーディトリラーナーと呼ばれることがあり，音声情報の活用が有効といわれている。また，ICTの活用にも注目が集まっており，読み書きに困難があるSLDの子どもに対して，タブレットやPCを活用した事例は数多く報告されている。「読み」に困難がある場合はテキスト情報を活用して音声読み上げを使う，「書き」に困難があるのであればPCやタブレットのキーボード入力を使う，「計算」に困難がある場合は計算機や専用のアプリを使うこともできるため，1台のICT機器がさまざまな児童生徒の合理的配慮として機能する可能性がある。SLDの子どもは，外見からはわからないため，「怠けている」「さぼっている」と誤解されたり，注意を受けることが多くなることから，自己肯定感が下がっていたり，学習性無力感に陥っている可能性がある。本人の特性に合った学習スタイルを身につけながら，スモールステップで「やれた，できた」という感覚を積み重ねていく等の支援が求められる。

(2) 注意欠如／多動症（ADHD）のある子どもの支援について

ADHDへの支援では，環境調整，心理療法，薬物療法等が行われている。注意を持続するのが苦手な子どもに対しては，掲示物を少なくする，座席配置を工夫する（例えば，前の座席にして，教師からのサポートを受けやすくする。人の出入りの多いドア付近の座席は避ける等），授業内容を集中しやすい時間で分割する等の支援が考えられる。行動改善や自己理解として，通常の学級や通級による指導で行うソーシャルスキル・トレーニングやアンガーマネジメント等の心理療法の有効性も報告されている。ICTの活用はADHDの支援にお

193

いても有効である。不注意という問題については，スマートフォンやタブレット等のリマインダー等で対処したりすることも有効である。また，ADHDには薬物療法が有効とされているが，副作用もあるため，医療機関や家庭との連携が欠かせない。なお，薬が処方されるのは専門医の判断があった場合のみであり，薬の効果はADHDを根治するものではなく，あくまで症状の軽減をねらったものである。したがって，薬の服用をしながら症状を抑える中で，さまざまなスキルの獲得や成功体験を積むことが求められる。

(3) 自閉スペクトラム症（ASD）のある子どもの支援について

　ASDは，目で見て理解することが得意なことが多く，ビジュアルラーナーと呼ばれることがあり，視覚的な支援が有効とされている。指示理解やコミュニケーションについても視覚的な指示を使うことが有効である。見通しをもつことや，切り替えが苦手な子どもでは，時間割を守ることや，活動を切り替えたりする際にトラブルとなることから，目で見てわかる，本人に合わせたスケジュール等の活用が支援につながる。ASDは，行動の般化が苦手であり，これまで学習したことを他の場面で活用することが困難となるため，どこでも活用できることを想定した一般的なスキルトレーニングではなく，その子どもが実際に生活や学習している教室環境でのルールやマナーを体験的に学ぶことが有効と考えられている。感覚の過敏については，さまざまな支援器具の活用が有効とされている。聴覚の過敏にはイヤーマフやノイズキャンセリングイヤホンを使ったり，触覚の過敏では本人が座りやすい椅子やクッションを用意する等，特性に合わせた支援が有効である。

(4) 発達性協調運動症（DCD）のある子どもの支援について

　DCDのある子どもでは，特性が理解されないことでのトラブルが予想される。例えば，授業中に姿勢を崩してしまって叱責されたり，文字の形が整わないことで，厳しい指導を受けたりする可能性があり，不全感や劣等感が高まる可能性がある。初めての動きではうまくできない場合も，動作のやり方がわかったり，練習したりすることでできるようになることもあるため，事前の練習や活動の確認は有効である。DCDの支援ではさまざまな支援ツールを活用す

第1節　発達障害の基本的な理解と支援

るとよい。他者の行動を模倣するよりも，具体的な視覚的支援（例えば，動画を視聴する等）が有効な場合や，姿勢保持のむずかしい人には滑り止めのマットが有効なことがある。書字が苦手な場合は，鉛筆ホルダー等を使ってうまくいくこともある。

❸ 二次障害のある子どもへの支援について

　発達障害のある児童生徒は，教室での問題行動，不登校や精神疾患といった二次障害のリスクが高いといわれている。SLD や DCD のある子どもは，教師の理解不足や授業での失敗体験から自己肯定感が低下し，不適応や不登校になることがある。ASD のある子どもでは，他者とのコミュニケーションがうまくいかず，いじめにあったり，不登校になっている事例も報告されている。ADHD のある子どもでは，周囲からの叱責を受け続けることや，対人関係のトラブルを積み重ねる中で，他者への反発から反抗挑発症（反抗挑戦性障害）や素行症（行為障害）の発症のリスクが高いことが知られている。

　発達障害のある子どもの二次障害の予防や対応では，発達障害への対応と二次障害への対応を同時に展開していくことが求められる。二次障害は，日頃の生活体験の積み重ねから発現することが多く，実態に合わせた継続的支援が求められるため，早期発見，早期対応と合わせて，学校，家庭，医療機関等の専門機関との連携を踏まえた一貫した支援が求められる。また，苦手の克服だけを重視したかかわりでは，自己肯定感等の向上はむずかしいこともあるため，本人のストレングス（強みや好み）を活かした支援が必要であり，子どものストレングスをアセスメントして，支援に活かしてほしい。

❹ アセスメントを活用した生徒指導

　多様な子どもを学級内で支援する際に，アセスメントを活用し，実態把握に基づく介入の重要性が指摘されている。発達障害のある子どもは，環境との相互作用によって，困難な状況に置かれる可能性がある。学校では，友人，教師や学級の状態が，子どもにとっての環境となる。つまり，個別対応だけではな

195

く，周囲の子どもへの対応等も合わせて，学級経営や生徒指導に取り組むことが求められる。また，通常の学級において特別支援教育の対象となる子どもが複数名在籍する場合に，教師の技量や心理状態との相互作用から，教師がより画一的な指導を志向する可能性も予想され，そういった学級では，柔軟な対応が苦手な発達障害のある子どもの適応感は下がっていくことが報告されている（髙橋，2024）。インクルーシブ教育の展開も見据えて，教師の意識や指導を変えていくためには，指導行動の変更調整が必要であり，そのために個別や学級の状態についてアセスメントに基づいた介入の視点が重要となる。

❺ 子ども同士をつなぐ支援について

深沢（2021）は，2005年と2017年に行った小学校の通常の学級における調査研究の結果より，特別支援教育が開始されてから10年経った2017年においても特別支援教育の対象児と非対象児の学級適応感には差が認められたことを報告している。また，中学校においても，特別支援教育の対象となる生徒が，通常の学級において不適応となっている可能性が継続的に報告されている（岡島ら，2017等）。この問題の背景として，教師の指導や学級経営にばらつきがあり，インクルーシブ教育に対応した指導を行っている教師は，ほんの一部にとどまっている状況であることが予想される。深沢（2021）は，特別支援教育の対象児と非対象児の両方の学級適応感が高い学級の学級担任に対する聞き取りから，全体への指導行動と個別への指導行動，そして，特別支援教育の対象児と非対象児をつなげる架け橋対応のすべてを高い水準で発揮することの重要性を指摘している。

第2節　発達段階に応じた支援の展開

発達障害のある子どもに対する支援では，発達段階に合わせた支援が求められる。

❶ 小学校での支援について

　発達障害のある児童が小学校で体験する困難として，教師の指導スタイルや学校から求められるルールと個人の特性のミスマッチが想定される。例えば，注意を散らさずに45分着席し続けることは，ADHDの児童にとっては非常に困難な場合がある。また，多くの授業では黒板をノートに写すことが求められるため，SLDの児童の学習意欲が低下してくことは想像に難くない。さらに，学級集団を基盤として活動を行っていくため，他者との交流が増え，ASDの児童にとっては苦手さと向き合うことが多くなる。小学校の段階では，学校生活や集団活動に慣れていくことが重要な目標となる。前述したように，アセスメントに基づく個別と集団の対応を同時に展開し，児童同士をつなげていく支援を行っていく必要がある。教師の支援を受けながら他者との交流において，「こういうやり方が自分に合っている」という成功体験を積み重ねることが求められる。また，強みや好みを把握し，それを活かした支援を展開することで，本人の自己肯定感を高めるとともに，どういったことに興味がある，どういった余暇をすごしたいといった，キャリア支援の第一歩を体験学習することが重要である。

　小学校段階では診断や支援につながっていない児童も多く，理由もわからないまま，学校生活の中で自己肯定感を落とし，不適応や不登校の二次障害になってしまうことも多い。児童の様子を見きわめ早期発見，早期支援につなげていくことが重要であり，日頃の観察やアセスメントを丁寧に行っていくことが求められる。

❷ 中学校での支援について

　中学校では教科担任制が一般的であるため，自然に複数の教師がかかわる環境となる。つまり，必然的に教師間での情報共有や，それに基づく一貫したかかわりが求められるようになる。思春期は，身体の急激な変化や第二次性徴の発現が見られ，人間関係の変容が起こる時期で，身体的成長と精神的成長のバ

ランスが崩れる時期でもある。自他の比較も頻繁にするようになるが，発達障害のある生徒は，障害特性の影響から他者との違いを感じる機会が多く，より不適応となりやすいことが予想される。特にASDの生徒は，社会的コミュニケーションや対人的相互反応の苦手さから，思春期特有の友人関係についていくことができない等で不適応になることがある。

また，多くの生徒が高校受験に取り組むことになるが，SLDの生徒にとっては学習自体の困難が，ADHDの生徒では計画の苦手さが，受験への不安につながることも想定される。また，思春期では，非行問題に遭遇する可能性が高まるが，ADHD児においてはそのリスクがより高く，特性に合わせた支援が重要となる。思春期・青年期は精神障害の発現が増加する時期で，発達障害の児童生徒が二次障害を発現しやすい年代でもあるため，学校，家庭や専門機関とのきめ細かい支援連携が欠かせない。

進学先となる高等学校も多様化しており，特別な配慮が必要な生徒を対象とした学校や，不登校経験者を対象とした学校等，選択肢が増えている。通信制の学校等が適している生徒もいることから，本人の意思や意欲，特性とのマッチングを丁寧に調整し，進学先を検討することが求められている。また，高等学校の入学試験においても，特性に合わせた合理的配慮の対応が進んでおり，中学校での実績を参照とすることがあるため，日頃の授業や試験において，本人に合わせた支援のあり方を検討し，実践していくことで，配慮を申請する際の重要な根拠となる。

❸ 高等学校での支援について

総務省（2017）の「発達障害者支援に関する行政評価・監視」によると，発達障害が疑われる児童生徒が不登校となった割合は，平成26年度で3.7%（小学校2.9%，中学校3.3%，高等学校7.0%）であり，これは全国の小学校，中学校及び高等学校における不登校児童生徒の割合1.3%（小学校0.4%，中学校2.8%，高等学校1.6%）と比較し，すべての学校種において高くなっており，特に高等学校では約4倍となっている。高校生活では，より自立的な生活が求

第2節　発達段階に応じた支援の展開

められる。また，これまで生活してきた地域を離れることや，地域の学校で周囲から受けてきたサポートがなくなることで困難を経験する生徒も存在する。管轄の教育委員会が変わったり，私学に入学することでの情報の途絶にも注意が必要である。入学前の段階から十分な情報共有を行い，支援の連続性を保つことが必要である。

　高等学校以降のキャリアについては，個別性が高まることから進路指導の視点はより重要になる。発達障害のある生徒の進学や就労は，他の生徒に比べて準備が多くなる傾向にある。大学進学を検討する場合は，高校受験と同様に事前の学校選択から試験における合理的配慮の申請等，さまざまな事前の準備が必要となるため，計画性が求められる。しかし，発達障害のある生徒は計画が苦手なことが多く，教師側からの支援が欠かせない。就労を検討する場合は，一般枠か障害者枠での選択や，障害者福祉サービスを活用した移行等も検討の対象に入ってくる。家庭と学校，そして対象の生徒が利用している放課後等デイサービス等とも連携を行い，本人の実態や生活サイクルに合わせた移行を丁寧に支援していくことが求められる。その際に，本人の意思が十分に尊重されるように，ニーズを確認し，意見が言える関係性の構築が求められる。

❹ 一貫した支援の必要性

　発達障害のある子どもには，障害特性に合わせた一貫した支援が求められる。例えば，ASD者のライフスキルは，児童期から青年期にかけて，定型発達の人たちと比べて徐々にその差が大きくなってしまうことがある。この問題の背景には，もともとライフスキルを身につけるのが苦手な子どもに対して，学齢期に具体的な支援が行われいていないことがある。青年期の社会参加の段階で求められるスキルを小学校のときにすべて身につけることはむずかしいが，関連するスキルを練習し始めることは可能である。重要なことは，現状への対処だけを行うのではなく，将来の社会参加を見据えて，さまざまなスキルを身につけること，そして，そのスキルは，ライフスキルを含めた包括的なものであるということである。通級による指導を利用している子どもは，自立活動等で

199

第 13 章　特別支援教育と生徒指導

多様なスキルを練習することができる。校内リソースを十分に活用することも重要な視点である。

第3節　多様な性のあり方の理解と支援

❶ 多様な性のあり方に関する基本的な理解について

　生物学的な性と性別に関する性的指向と性自認は異なるもので，教師には正確な理解が求められる。性的指向とは，恋愛・性愛がどのような対象に向けられているかを示す概念であり，LGBT で示されることが多い。L は，レズビアン（Lesbian　女性同性愛者），G がゲイ（Gay　男性同性愛者），B がバイセクシャル（Bisexual　両性愛者），T がトランスジェンダー（Transgender　身体的性別と性自認が一致しない人）で，それぞれ4つの性的なマイノリティの頭文字をとった総称であり，性の多様性を表す言葉である。このうち，LGB は「○○が好き」というような性的指向に関する頭文字であるが，T は「心と体の性別に違和感をもっている」性別違和に関する頭文字で，性的指向を表す頭文字ではない。いわゆる「性的マイノリティ」は，この4つのカテゴリーに限定されるものではなく，LGBT のほかにも，身体的性，性的指向，性自認等のさまざまな次元の要素の組み合わせによって，多様な性的指向・性自認をもつ人々が存在する（文部科学省，2022）。クィア（Queer　性に関する社会規範に従わないあり方）とクエスチョニング（Questioning　自分の性のあり方が不確かな人，もしくはそれを問い直している状態）の Q を合わせて LGBTQ と表記されることもある（早稲田大学ダイバーシティ推進室，2023）。Sexual Orientation（性的指向）と Gender Identity（性自認）の英語の頭文字をとった「SOGI」という表現が使われることもある。性のあり方を包括的に捉える概念として活用が広がっている。

　個人の性に関することは個人情報であり，本人の同意なしにその人の性的指

向，性自認や身体的性に関する情報やそれらの特定につながる情報を暴露すること（アウティング）は，その子どもとの関係性を壊すことや，最悪の場合，生命にかかわる事例につながる可能性があることを理解しなければならない。

❷ 性的マイノリティの子どもに対する支援について

　性的マイノリティの子どもは，周囲の無理解や自身の心や体への違和感によって，不安や悩みを抱えることが多い。性的マイノリティの子どもはいじめの対象となることが多く（電通グループ，2023），自殺念慮の割合等が高いことが指摘されており，無理解や偏見等がその背景にある社会的要因の一つであると捉えて，理解促進の取組みを推進することが求められている（厚生労働省，2022）。教師側の無理解や，学校の規則や慣習によりステレオタイプの対応を押しつけられる問題も大きい。一方で制服等はジェンダーレスのものを採用する学校も増えてきている。

　校内での対応として，例えば，多目的トイレの利用を認める，呼称への配慮を行う（例えば，全員「さん」づけで呼ぶ等），宿泊行事における部屋割りへの配慮（例えば，希望した生徒には個室の利用を検討する等）等の具体的な配慮を行うことができる。性的マイノリティへの生徒指導では，もともとの慣習で，子どもの実態にそぐわない規範については，大胆に修正していくことが必要かもしれない。

第4節　外国人児童生徒の理解と支援

---

❶ 外国人児童生徒の基本的な理解

　日本の学校に在籍する外国人児童生徒数は，年々増加し続け，必然的に，日本語指導が必要な児童生徒数が増え続けている。外国人児童生徒の実態として母語においても日本語においてもコミュニケーションや学習が困難な児童生徒

第13章　特別支援教育と生徒指導

の問題もある。外国籍の児童生徒のみならず，帰国児童生徒や国際結婚家庭の児童生徒等，多様な文化的・言語的背景をもつ児童生徒が増加しており，文化の違いや言語の違いのみならず，これらに起因する複合的困難に直面することが多く，不登校やいじめ，中途退学等に発展することが指摘されている（文部科学省，2023）。また，日本語指導が必要な中学生等の進路状況・日本語指導が必要な中学生等の高等学校等への進学率は，90.3％（全中学生等の進学率99.0％）であり，中退率も全高校生と比較して高い状況である。キャリア選択においても，配慮や支援が必要な状況である。

❷ 外国人児童生徒に対する支援について

　日本語指導にかかわる特別な教育課程では，在籍学級以外の教室で指導を行う，いわゆる「取り出し指導」と，在籍学級での授業中に日本語指導担当教員や支援者等が入って，対象の児童生徒を支援する「入り込み指導」がある。「特別の教育課程」を実施する場合は，「個別の指導計画」を作成する。日本語の習得状況に合わせて，プログラムが用意されており，学期ごとに，指導計画や指導体制の見直しを行う。

　外国人児童生徒等を巡る生徒指導の実施にあたっては，「外国人児童生徒受入れの手引き」や「外国人児童生徒等教育に関する動画コンテンツ」の活用ができる。また，教科書バリアフリー法の一部を改正する法律が2024年7月19日から施行され，音声教材等の教科用特定図書等を発行する者が日本語に通じない児童生徒に音声教材等の教科用特定図書等を発行する場合にも，教科書デジタルデータを提供することができるようになった。

　生徒指導提要（文部科学省，2022）では，保護者が日本語を話さないために通訳をしたり，家族の世話をしたりする等，児童生徒がいわゆるヤングケアラーとされる状態にある場合への支援についても言及している。まず，教師が児童生徒の実態に合わせた支援を検討していくことが求められる。外国語指導での学習やコミュニケーションへの対応と合わせて，保護者や背景要因も含めた実態把握に基づく支援を検討する必要がある。

column 12 教師とスクールカウンセラーが連携した 発達障害児に対する介入例

　スクールカウンセラー（SC）はチーム学校の一員として，教員とのよりいっそうの連携が求められている（文部科学省，2022）。学校に配置される SC は心理に関する専門的知識や経験をもち，発達障害児の対応では，子どもの学校適応上の問題について Bio-Psycho-Social モデルからの見立てや，心理アセスメントを活かした介入の立案，外部機関との連携等を行い，子どもや保護者の支援だけでなく，困難を抱える教員へのコンサルテーションも行う。発達障害児に対する介入例を通して，担任と SC の実際の連携の動きを紹介する。

　A（小5，男児）は他者とかかわろうとせず，集団行動が苦手である。Q-U（P47）の結果，孤立感が強く，かかわりのスキルが低いことが読み取れた。学級担任は，Bと話すこともあるが，一人でいると認識していた。SC は A の具体的な困りごとは，他者へのかかわり方への不安であると見立てた。母親によると A は，就学前より他児の持つおもちゃを急に取るなどの行動から指導されることが多く，担任によると小3頃からトラブルを恐れ，かかわりを避けるようになった。授業中，指示の途中で作業を始め，注意されると「自分はバカだ」などと大声で自分を責める。落ち着かないときには保健室でクールダウンすることもある。ADHD の診断があり，外部の支援機関の利用もある。その職員が学校での様子を見学し，支援計画を共有するなど連携もとっている。

　SC は A のかかわり方のスキル学習と学級内でのスキルの発揮を目標に，会話練習や気持ちの聞き取りを個別に実施した。並行して担任は SC の助言から質問じゃんけんやサイコロトーク等のグループワークを学級活動で行い，A が多くの子どもとかかわれるようにした。A の不安の高さを考慮し，初回は見学での参加も想定したが，A は初回から多くの子どもとかかわり，「いろいろな人と話せた」と感想を述べ，以降はかかわる場面が増えた。これは発達障害児と学級とをつなぐ架け橋対応（深沢，2021）の事例であるともいえる。

column 13 発達障害のある子どものキャリア支援

　発達障害のある子どもは，日常生活スキルや対人関係に問題を抱える場合が多い。進路・キャリアを考える上では，単純に学力のみで進学先・就労先を選択させることは，将来の不適応につながる可能性があり，子どもに合った進路を選択させるために，定型発達の子ども以上に準備をしておく必要がある。

1．ソフトスキルの重要性

　職業リハビリテーションの専門用語にハードスキルとソフトスキルという言葉がある。ハードスキルは，職業そのもののスキルであり，教えることができるスキルとされ，勉強も含まれる。一方で，仕事以外の職業生活遂行能力（身だしなみ，時間管理やコミュニケーション能力など）についてはソフトスキルといわれている。梅永（2014）は，離職した発達障害者に対する聞き取りなどから，適切にジョブマッチングがなされなかった要因にソフトスキルの問題が多くあることを指摘している。学校段階で身につける能力として学習ばかりではなく，職業生活を行っていく上で必要な日常生活スキルや対人関係スキルを身につけていくことが求められる。環境の変化への対応を苦手とする発達障害のある子どもにとって，中学校における職場体験実習は有効な取組みであろう。現場でのハードスキルやソフトスキルの困難をアセスメントすることができ，今後の職場適応に向けた支援計画作成の根拠とすることができる。

2．一貫した支援のための個別の教育支援計画，個別の指導計画の作成

　アメリカでは障害児を対象とした IEP（個別の教育計画）というプログラムがある。作成が法律で義務付けられ，両親の意向が入るものとされている。専門家を含むチームで作成され，教師は目標の達成に法的責任を負う。さらに，1990年の IDEA（障害者教育法）において「移行サービス」が正式に定義づけ

られ，ITP（個別の移行計画）が作成されるようになり，成人期のIPE（個別の就労計画）へとつながれ，法制度によって一貫した支援が担保されている。

　日本では学習指導要領において，特別支援学級に在籍する子どもや通級による指導を受ける子どもに対する，個別の教育支援計画と個別の指導計画の作成が義務となった。「個別の指導計画」は，子どものニーズに合わせていま行うべき具体的な指導内容・方法について明記するものであるのに対し，「個別の教育支援計画」は一貫した支援をするための長期的な計画を記すもので，他機関との連携，保護者の参画や意見を聴くことが求められている。将来の就学や就労場面を見越して，本人を理解するための情報やうまくいった支援方法をまとめたサポートブック作成のために，個別の教育支援計画や指導計画をつくることが大切である。ただ，個々の障害の情報などは気安く共有できるものではなく，個人情報の保護に常に留意しながら連携を図り，子どもの権利が最大限尊重される状況を模索していく必要がある。

3．高等学校進学の特例措置や大学入試における配慮申請

　義務教育段階で発達障害のある子どもの支援を考える際に，出口支援の1つとして高等学校進学での特例措置や大学入試，就労における配慮申請を想定することは重要である。例えば障害の診断がある場合に必要書類を受験先の高等学校に提出することで，別室受験などの個別的な配慮を受けることができる。大学入学共通テストでの配慮事項については，医師の診断書と任意の様式で校長または専門家が作成した状況報告書（具体的理由やこれまでの取組みを示した個別の教育支援計画・個別の指導計画の写しでも可。）があわせて用いられている。申請された配慮の内容が，実際に試験を受ける子どもにとって必要なもので，実績のある合理的配慮であることの証明が求められる。つまり，子どもが自己の障害特性を理解し，必要な合理的配慮を的確に申請できるよう，自己の特性を理解するための教育をし，自分に合った支援を受けた経験をさせることが重要である。建設的な対話を通して自己決定することは，就労など将来の自立に大きな影響を与える。義務教育段階での教師の役割は大きい。

第14章

進路指導・キャリア教育の展開

この章では，進路指導・キャリア教育の展開として，体験活動とキャリア・カウンセリングに焦点を当てて考えることにする。

第1節　ガイダンスの機能を活かした進路指導・キャリア教育

個々の子どものキャリア発達を支援するためには，ガイダンス機能とカウンセリング機能の2つの視点が必要である（中央教育審議会，2011）。

> ●ガイダンス機能
>
> 　教師が担う学校教育活動の一環として，教師と子どもたちの日常的な人間関係を基礎として，資質・能力を育む（キャリア発達を促すことも含む）ためのカリキュラムや学習プログラムを学級などの集団の場面で実施し，計画的・継続的な学習プログラムを基盤にキャリア発達を促すことである。
>
> ●カウンセリング機能
>
> 　子どもたち一人一人の発達や課題に応じた個別対応を図ることである。

206

❶ ガイダンス機能の特徴

　ガイダンス機能は，集団の場面で必要な指導や援助を行うことで，学級活動を中心にして教育活動全体を通じて子どもの「適応能力」と「選択能力」を高めることを主なねらいとしている。これらの学習活動では，子どもたちが自ら気づくことを促し，その結果主体的・対話的で深い学びとなり，さらにそれらを発達につなげていくことで大切である。そのため，教師は集団活動においてガイダンス機能を意識して発揮させていくことが求められている。

　2017年改訂の学習指導要領で，学級活動が学校教育活動全体で行うキャリア教育の中核的な役割を果たすことが明確にされたが，それには学級活動でのガイダンス機能の充実が前提になるのである。

❷ 課題となる教師の進路指導・キャリア教育の現状

　2022年時点で，高等学校への進学率は98.8％であり，大学や短期大学，専門学校など高等教育機関への進学率は過年度卒を含めると83.8％となっている（文部科学省，2022）。

　このように進路指導においての進学が主な選択肢となる中で，進学への指導における課題が挙げられる。それは，偏差値のみで進学先を決めることにより，進学先での不適応が生じてしまうことである。

　例えば，2016年現在の高等学校の中途退学率は1.4％であり，47,249人の中途退学者が確認されている（文部科学省，2018）。その中で，「もともと高校生活に熱意がない」「人間関係がうまくたもてない」など，学校生活・学業不適応を理由に中途退学する学生は35.2％となっている。

　この背景には，進学の際に，なぜ進学するのかの価値を自分自身で見いだせていないこと，自己理解や環境の要因を検討せずに進学するなどの問題がある。つまり，自分なりの進学する意味を検討するなどの学級活動でほかの子どもたちとの対話を通した取組みが不十分であり，適切なガイダンス機能が発揮されていないためであると考えられる。

第14章　進路指導・キャリア教育の展開

　先行研究でも，外発的な動機や無動機で高等学校に進学することがその後の不適応につながることや（永作・新井，2005），学科選択と大学への適応状態との関連を調査した研究によると，自己の性格・興味・価値観・能力・学力など，自己の適正を考慮して選択した学生と，そうでない学生を比較した結果，前者の学生のほうが大学の所属学科での適応が高いことが報告されている（Yanai, 1980）。

❸ キャリア発達を促進する援助

　これからのキャリア教育には，進路の選択・決定の援助という視点から，キャリア発達を促進する援助という視点を中心とした取組みが求められる。

　つまり，キャリアは「選ぶ」だけではなく，選んだものを「つくりあげていく」という視点をもつことが大事であり，(1)主体的に進路を選択できるように「選ぶ」ための進路選択のレディネスを高め・育成する，(2)選んだ進路をさらにつくりあげていく・育てていく，といった2つの方向性が必要である。

　また，キャリア教育で子どもたちを育てていくのは，「選ぶ」ために育てる，「選んだもの」を育てる，という2つがある。

　そのためにも，学級活動やホームルーム活動などで，子どもたちが自分のキャリアについての希望や展望，そして適性などについて，ほかの子どもたちと率直に議論する中で，より広く深く，自己への気づきを促進していけるような取組みを，教師は計画的に設定して実施していくことが求められる。

　このようなガイダンスの取組みの中で培われた力が，進学や就職に際して，子どもに生涯を通じたキャリア意識をもった選択をもたらす。さらにその力は，選択後の過程でも，自分の役割の価値などに気づき，取捨選択する能力をもって自分のキャリアをさらに積み重ねていく生き方を支えることにもつながっていくのである。

第2節　体験活動とは

キャリア教育の実施において，「直接的体験を繰り返す体験活動は，学びへの好奇心，課題発見等の学習への動機付けや意欲を高め，思考や実践，課題解決等の創意を広げ，次への体験や学びへの深化を促す『学びの過程』の基盤と成り得るもの」として重点が置かれている（国立教育政策研究所，2008）。

一方で，体験活動それ自体はすでに各学校でそれぞれの地域性や学校の特色を活かした活動が実施されており，今後はキャリア教育の視点で捉え直すことが求められている。他方，漠然と体験活動に取り組むのではなく，「体験を通して何を学ぶのか」のねらいを明確にすることで意義を高めるためにも，教師のガイダンス機能とカウンセリング機能を用いたキャリア教育の推進も求められる。

❶ キャリア教育の視点で捉え直す──小学校体験活動

「進路の探索・選択にかかる基盤形成の時期」と位置づけられている小学校段階における体験活動では，子どもが自身の将来の生き方に夢や希望，あこがれをもてるようにすることが求められている。

小学校ではすでに，職場見学に限らない学年に応じた体験活動が行われている。例えば，遠足や運動会で取り組まれる異学年交流もその一例である。小学校段階では「役割の遂行」を通して，自身の得意や苦手を実感するとともに，ほかの人の役に立つ喜びを学ぶ。

また，異学年交流では主に，「上級生としての自覚」や「思いやり」を学習目的とされるが，これをキャリア教育に位置づけて実施することで，一つの体験活動が何倍にも効果的なものとなる。そのためには6年間を通した全体計画の作成・活用が期待される。

❷ 体験を通して何を学ぶのか──中学校職場体験

　新型コロナ感染症流行以前の中学校での職場体験実施率は約98％であり，ほぼすべての中学生がいずれかの事業所などで職場体験を行っている。職場体験はキャリア教育の主軸として捉えられており，子どもが「将来どのような職業に就きたいのか」について考える機会となっている。

　しかし，「職業体験をすること」それ自体が目的化してしまい，「体験を通して何を学ぶのか」についての意識が希薄化している状況を藤田（2014）は指摘し，事前・事後指導の重要性を提起している。

(1) 事前指導

　当日の行程や持ち物の確認をするだけで事前指導を終わらせてしまう場合もあるが，これでは子どもは「体験を通して何を学ぶのか」がわからず，ただ漠然と体験学習へ向かうこととなる。

　事前指導ではまず，「学習のねらいを明確にする」こと，「ほかの学習と関連付ける」ことが求められる。ねらいとほかの学習との関連を示すことで，子どもは体験先でどのような点に着目するべきか，どのような姿勢で取り組むべきであるのかを知ることができる。すると事前に準備すべきこと（インタビューしたい内容をまとめる，必要な知識を身につけるなど）が明らかになり，漫然とした体験になることを防げるのである。このような点を意識しつつ，調べ学習の機会を計画的に設定するなど，丁寧な事前指導を心がけたい。

(2) 事後指導

　事後指導では，事前指導を踏まえた振り返りが求められる。事前指導で確認したねらいや目標について，「それぞれの目的を達成するために職場で何を見て，何を聞いてきたのか，それを通して自分は何に気づき，どのように考えるのかを共有し，それらを深め合うこと」が重要である（藤田，2014）。このようなプロセスを踏むことで，活動を自身の体験の中に改めて意義づけることができる。

　そして必要に応じてキャリア・カウンセリングの機会を設け，体験を通して

子どもが感じたこと，考えたことを聞き取り，意味づける行程も有効となる。

　このように，体験学習の効果を最大限高めるためには事前・事後の指導が要となる。せっかくの職場体験の機会を形骸化させないためにも，職場体験を含む体験活動をキャリア教育の視点で捉え直し，一貫した計画を立て，さらにいまある機会の一つ一つの目的を再度考察することが求められるだろう。

　次節では，中学校で多く実施される職場体験の意義と効果的な展開について整理する。

第3節　職場体験の意義と効果的な展開

❶ 職場体験とその意義

　現在，各中学校では子どもの発達段階，地域性，各学校の実態などに合わせて，各校の創意工夫により特色ある職場体験が実施されている。職場体験の定義を改めて確認すると，「生徒が事業所などの職場で働くことを通じて，職業や仕事の実際について体験したり，働く人々と接したりする学習活動」である（文部科学省，2005）。

　職場体験が求められる背景には，子どもの生活や意識の変容，学校から社会への移行をめぐるさまざまな課題，望ましい勤労観・職業観をはぐくむ体験活動などの不足が挙げられる。職場体験には，子どもが直接働く人と接したり，実際的な知識や技術・技能に触れたりすることを通して，学ぶことや働くことの意義を理解し，生きることの尊さを実感させることが求められている。また，子どもが主体的に進路を選択決定する態度や意志，意欲などを培うことができる教育活動として，重要な意味をもつ。

　文部科学省（2005）の「中学校職場体験ガイド」によると，職場体験の教育的意義は以下のようになる。

第14章　進路指導・キャリア教育の展開

職場体験の教育的意義

● 望ましい勤労観，職業観の育成

● 学ぶこと，働くことの意義の理解，及びその関連性の把握

● 啓発的経験と進路意識の伸長

● 職業生活，社会生活に必要な知識，技術・技能の習得への理解や関心

● 社会の構成員として共に生きる心を養い，社会奉仕の精神の涵養　等

---

❷ キャリア教育の視点に立った職場体験のあり方

　職場体験を推進する上で重要なことは，子どもの発達段階を踏まえて，子どもの全人的な成長・発達を支援する視点に立つことである。人間の成長・発達の過程には，いくつかの段階と各段階で解決しなければならない発達課題がある。これをキャリア発達の視点から見ると，それぞれの学校段階別に課題があると考えられる。

　また，こうした発達には，自己理解，進路への関心・意欲，勤労観，職業観，職業や進路先についての知識や情報，進路選択や意思決定能力，職業生活にかかわる習慣や行動様式および必要な技術・技能などといったさまざまな側面が考えられる。今後も各学校において職場体験を進めていく上で，それぞれの学校の状況，子どもの実態や発達段階を踏まえつつ，小・中・高等学校における連携の意義を活かしながら，キャリア教育の視点からしっかりとそのねらいを明確にして取り組む必要がある。

　1999年12月の中央教育審議会の答申「初等中等教育と高等教育との接続の改善について」，および2004年1月「キャリア教育の推進に関する総合的調査研究協力者会議報告書」においても，小学校段階から発達課題に応じてキャリア教育を推進することが提言されており，その一環として職場体験などの体験活動を促進することの重要性が指摘されている。

　特に中学校における職場体験は，小学校での街探検，職場見学から，高等学校におけるインターンシップなどへと体験活動を系統的につなぐ上で，重要な

212

役割を担っている。

```
┌─────────────┐     ┌─────────────┐     ┌─────────────┐
│ 小学校      │ ▶  │ 中学校      │ ▶  │ 高等学校     │
│ 職場見学等   │     │ 職場体験等   │     │ インターンシップ等│
└─────────────┘     └─────────────┘     └─────────────┘
```

中学校職場体験ガイド（文部科学省，2005）

❸ 職場体験の効果的な展開

　前節でも述べたように中学校における職場体験では，ただ体験するだけで終わってしまい，本来の教育的機能を十分に発揮できていない傾向もある。

　職場体験が多様な教育的機能を十分に果たし，子ども一人一人の勤労観・職業観の育成を深める学習活動として機能を果たすためには，職場体験のねらいや目的を明確にし，生き方の指導を含めた事前・事後指導の充実のほかに，体験の5日間の実施などの質的向上を図る職場体験実施計画の立

職場体験のポイント
(1) ねらいの設定
(2) 実施計画の立案
(3) 体験先，保護者との連携
(4) 事前指導の充実
(5) 実施期間中の指導体制
(6) 事後指導の充実
(7) 評価

中学校職場体験ガイド（文部科学省，2005）

案が重要となる。また，その実践においては，保護者，体験先（事業所など），職場体験支援組織などとの連携や条件の整備は必要不可欠となる。

第4節　ポートフォリオの活用などキャリア形成に関する自己評価の意義

❶ 自己を客観的に理解するための自己評価

　キャリア教育においては，これまでの自分の経験，いま自分が取り組んでいることを振り返り，それを将来につなげようとする視点が不可欠である。しかし，子どもが自分自身を振り返り，自己を客観的に見つめることはむずかしい

第14章　進路指導・キャリア教育の展開

ため，職場体験などのさまざまな学習活動を通して感じたことや気づいたことを自己理解につなげることが必要になってくる。キャリア教育に関する学習活動の過程や成果などの記録・作品を計画的に集積し，それらの学習成果物を積極的に活用することで，子どもが自己理解を深め，自らの将来について考える機会をつくることが大切である。

このときに集積しておくべき学習成果物としては，以下のようなものが挙げられる。

- 自己の将来や生き方に関する考えの記述
- 自分の強み・弱みを書き出したワークシートなどの主観的な評価の記録
- 友達や保護者，職場の人々による他者評価の記録
- 職業レディネス・テスト，一般職業適性検査，ＹＧ性格検査などの客観的な評価の記録
- 子どもが作成したレポート，ノート，作文，絵などの制作物
- 教師による行動観察記録（子どもの発表や話し合いの様子など）

❷ 適切な自己評価のための支援

さまざまな活動を通じて自分が感じたことや気づいたことをワークシートに記録して言語化し，それを振り返る活動により自己理解を深めることは，キャリア形成において非常に大きな意味をもつ。そのため，子どもが自分の言葉で言語化し，経験や体験を自己の中に価値づけることができるよう，教師の適切な助言や支援が重要となる。

自己評価を行う際は，自分のよさに気づき，可能性を広げていけるよう，また自己肯定感を損なわないようにすることが必要である。これは，特に中学生段階の子どもは，短所を自己特性と捉えてしまうことが多いからである。よって，キャリア教育の学習過程においては，ポートフォリオを活用して発表会や面談などの機会をもつことが有効だと考えられる。グループや学級，学年などの集団の中で発表会を行い，学習成果を披露し，共有する場を与える。また，

年に数回，教師と子ども（ときには保護者）で面談を行う。このように，ポートフォリオを活用して話し合うことで，いままでに何が達成できたのかを確認し，さらに次の課題を明確にすることで，自分の学習に達成感を感じ自尊心を高めることができる。

また，多くの学校で職場見学や職場体験，インターンシップなどの体験活動が行われている。これは，実際に体験することでしか得られない学びや気づきにより勤労観や職業観を深めることをねらいとしている。

その際，単なる体験で終わることのないよう，ワークシートなどを活用した事前の動機づけ，事後の振り返りが大切である。特に，体験後の振り返りはしっかりと言語化させ，その経験から自分自身や社会や職業，自らの生き方などにかかわる自己評価につなげることが必要であり，それができてはじめて，その体験は子どもにとって啓蒙的経験になるのである。

計画的な学習ポートフォリオの作成と活用，教師による適切な指導と支援をもとに自己評価を行うことによって，子ども自身が自らの成長を実感したり自らの学習の改善に役立てたりすることは，キャリア教育において育成したい能力や態度を確実に身につけることにつながるといえよう。

さらに，学校種を超えてポートフォリオを引き継ぐ工夫をすることができれば，上級学校では，その子が入学前に蓄積してきたキャリア教育の概要とキャリア発達のプロセスを把握することができる。それにより，より体系的なキャリア教育の実践が可能となるだろう。

第5節　キャリア・カウンセリングの基本的な考え方と実施方法

❶ キャリア・カウンセリングとは

学校におけるキャリア・カウンセリングについて，文部科学省（2023）は，「発達過程にある一人一人の子供たちが，個人差や特徴を生かして，学校生活

における様々な体験を前向きに受け止め，日々の生活で遭遇する課題や問題を積極的・建設的に解決していくことを通して，問題対処の力や態度を発達させ，自立的に生きていけるように支援することを目指す」ものであると指摘している。

つまり，個別の子どもの課題や不安に寄り添い，自己の可能性に気づかせることで，自己決定を促す発達支持的な支援を重視している。この支援は，進路選択に限らず，子どもの自立を支えるための柔軟かつ包括的なものである。

子どもたちのキャリア発達を促進するためには，一人一人にきめ細やかで適切な指導と支援が不可欠である。基本的なキャリア・カウンセリングについては，すべての教師が実施できるようにすることが期待されている。

キャリア・カウンセリングは，治療を目的とするカウンセリングとは異なるが，身につけるためにはカウンセリングの技法に加え，キャリア発達やさまざまな職業に関する専門的な知識や技能が求められる。子どもたちの自立を促すためにも研修を通して，それらの知識や技能を習得することが望ましい。

❷ キャリア・カウンセリングのプロセス

キャリア・カウンセリングの基本的な流れは，以下の(1)～(4)となる。

(1) 現状（問題）の確認

子どもの現状や不安を把握し，受容するとともにキャリア（進路・職業など）に対する意識やこれまでの取組みなどを把握する。

(2) 子ども自身の自己理解やキャリアに対する理解を促す

子どもの自己理解を深め，新たな可能性を発見させるためカウンセリングや心理検査などを行う。また，キャリアルートや求められる能力などキャリアに必要な情報の収集，理解を促すかかわりをする。

(3) 目標や計画などに関する自己選択と自己決定を促す

キャリアに関する目標や計画などを話し合いながら，子どもの自己選択や自己決定を促す。

(4) 振り返りと次回についての確認

第5節　キャリア・カウンセリングの基本的な考え方と実施方法

面接の内容を振り返るとともに，次の面接の内容や時期，いつまでに何をするのかを決めるなど，今後のことを確認する。

ただし，日常場面で機会を見つけて相談活動を行う「チャンス相談」もあれば，日時を決めて定期的に行う「定期相談」など，さまざまな形態が存在する。また，場面や相談時間に合わせて，話し合う内容を絞る必要がある。

❸ キャリア・カウンセリングを進める上での留意点

以下に，キャリア・カウンセリングを進める上で注意すべきポイントをまとめる。

- 計画的・継続的・組織的に実施するためにも，年度当初にキャリア・カウンセリングに関する計画を立て，教職員全員の共通理解を図る。
- 相談内容によっては，ほかの教師やスクールカウンセラーなど，さまざまな教師・専門家が対応・連携できるようにしておく。
- キャリア・カウンセリングは，好ましい人間関係の中でこそ効果的に進められるため，普段から子どもとの信頼関係を築くようにする。
- 進路などに関する資料や情報を提供して終わりではなく，子どもの悩みなどを傾聴・共感し，自己選択・自己決定を促しながら進める。
- 定期相談，チャンス相談，自発的相談，呼びかけ相談，グループ相談などさまざまな相談活動に対応できるようにする。
- ときには保護者を交えて話をするなど，家庭と連携を行いながら進める。
- 子ども一人一人のキャリア発達を見ていくために，面接資料の整理や引き継ぎをしっかり行うことが望ましい。
- 個人情報などの守秘義務を遵守する。

第15章

高等学校の多様性の理解と対応

第1節　高等学校の多様性の実態

❶ はじめに

　現代社会におけるグローバル化や情報化の進展，価値観の多様化に伴い，高等学校の役割も変化している。かつては進学や就職に備えるための学びの場であったが，いまでは社会の多様化に対応する教育機関としての重要性が増しており，生徒一人一人に応じた柔軟な学びが求められている。特に，不登校生徒の学習機会の確保や，性の多様性への対応といった課題に直面している現場では，各生徒のニーズに応じた柔軟な学びの提供が不可欠となっている。本節では，現代の高等学校における多様な学びの形態や実態について説明する。

❷ 高等学校の課程と学科の多様化

　高等学校では，多様な進路選択や生徒の生活状況に応じて，複数の課程および学科が設置されている。

第1節　高等学校の多様性の実態

　まず，課程としては，全日制，定時制，通信制の3つが存在し，それぞれが生徒のライフスタイルに合わせた柔軟な学習機会を提供している。

　全日制課程は，一般的に朝から夕方まで通学し，週5～6日間の授業が基本である。この課程では，一定の学年ごとに進級する「学年制」を採用している場合が多く，通常は3年間で卒業する。学業だけでなく，部活動や学校行事を通じた多様な経験ができることも特徴である。

　定時制課程は，主に働きながら学ぶ生徒や，さまざまな理由で通学がむずかしい生徒に対応するために設置されている。昼間部や夜間部があり，生徒の生活リズムに合わせた学習が可能である。通常は4年間で卒業をめざすが，個々の学習ペースによっては，それ以上の期間が必要となる場合もある。

　通信制課程は，自宅学習を中心に進め，レポート提出やスクーリング（登校しての授業）を通じて単位を取得する形態である。通学日数が少ないため，特に不登校経験者やアルバイトをしながら学ぶ生徒に適している。通信制課程は，自分のペースで学習を進めることができるため，幅広い年齢層の生徒を受け入れており，柔軟な学びを提供している。なお，通信制課程や定時制課程では，単位取得による「単位制」が採用されており，取得単位に応じて卒業が決まる。

　次に，学科に関しては，普通科，専門学科，総合学科などが設置されている。

　普通科は，幅広い科目を学ぶことができ，進学や就職といった多様な進路に対応している。学校によっては，生徒が文系や理系の科目から，自らの進路に応じて選択することがある。

　専門学科は，特定の分野に特化した知識や技能を学ぶ学科であり，工業科，商業科，農業科，水産科，看護科，情報科などが含まれる。これらの学科では，理論的な学びに加えて実習や現場経験を重視しており，卒業後は習得したスキルを活かして就職する生徒が多いが，進学する生徒も増えてきている。

　総合学科は，普通科と専門学科の要素を組み合わせた学科であり，生徒は自分の興味や将来の進路に応じて科目を自由に選択することができる。この学科は，幅広い分野の学びを通じて将来の進路を決定したい生徒に適している。

第 15 章　高等学校の多様性の理解と対応

❸ 社会の変化に応じた学びの多様化

　現代社会は急速に変化を遂げており，それに伴い高等学校における学びの形態も多様化している。従来，全日制課程や普通科が主流であったが，近年では個々の生徒のニーズや社会の変化に対応する学びの機会が広がっている。

(1) 通信教育や遠隔授業の普及

　ICT の進展に伴い，インターネットを活用した通信教育や遠隔授業が広く普及しており，自宅で自主的に学習できる環境が整備され，学習の形態はますます多様化している。生徒一人一人のニーズに応じた柔軟な学びが可能になり，特に自分のペースで学習を進められる通信制高校で多く利用されている。例えば，オンライン学習を中心に据え，インターネットを活用して全国どこからでも学べる通信制高校では，生徒は場所を問わず学習できる環境が提供されている。希望者には特定のキャンパスに通い対面授業を受けることも可能であり，各生徒のニーズに応じた柔軟な対応がなされている。さらに，全国にサポート校を展開している通信制高校もある。通信制高校は中途退学率が高いため，サポート校では，生徒が 3 年間で卒業できるように単位取得や精神面での支援を行っている。少人数制や担任制などの仕組みを整えているため，学習リズムを保ちながら，学べるのが特徴である。

　従来の学校生活に適応しづらい生徒や，過疎化や少子化の影響で地域に学びの場が十分にない生徒にとって，直接教室に通わなくても質の高い学びを提供できる ICT を活用した通信教育や遠隔授業は，重要な学びの場となっている。

(2) 特定分野に特化した教育の強化

　近年，特定分野に特化した教育を提供する高等学校が増加している。特に，STEAM（科学，技術，工学，アート，数学）教育，スポーツ，芸術，IT などの分野に力を入れた学校では，将来のキャリアを見据えた実践的なスキルの習得が可能となっている。文部科学省も先進的な教育を行う高等学校を「スーパーサイエンスハイスクール（SSH）」や「デジタルトランスフォーメーション（DX）ハイスクール」に指定し，国際的な科学技術人材の育成を推進して

220

いる。これらの学校に通う生徒は，自身の興味や適性に応じた専門的な教育を受けることで，卒業後に即戦力として活躍できるスキルを身につけることができる。

⑶ 安心して学べる環境づくり

高等学校では，多様な背景をもつ生徒が安心して学べる環境づくりが始まっている。例えば，スラックスやスカートを自由に選べるジェンダーフリーな制服の導入など，性の多様性に対応するための取組みが進められている（文部科学省，2023a）。また，家族の世話を担うヤングケアラーの生徒を支援するため，関係機関の連携による支援体制の整備も進行している（文部科学省，2021）。さらに，不登校生徒に配慮した特別な教育課程を編成する「学びの多様化学校（不登校特例校）」の整備も検討されている（文部科学省，2023b）。これらの取組みはまだ道半ばではあるが，すべての生徒が安心して学べる環境のさらなる整備が期待される。

> **第2節** 高等学校の多様性を踏まえた支援の指針

---

❶ 多様な生徒の実態把握

生徒一人一人の多様な背景に対応するためには，画一的な指導から脱却し，個のニーズに応じた支援を行う必要がある。そのためには，多面的な実態把握（アセスメント）に基づく教師の生徒理解が基本となる。具体的には，能力・性格などの生物的側面，興味・関心や精神的健康などの心理的側面，生徒を取り巻く環境としての交友関係や家庭環境などの社会的側面から総合的な生徒の状況の把握をすることである。しかし，日常的に接していても生徒を総合的に理解することは容易なことではない。かかわりをもつすべての教師がきめ細かい観察力で多面的に理解し，生徒の些細な変化に気づき，それを教師間で情報共有することを着実に行う。

第 15 章　高等学校の多様性の理解と対応

　また，中学校から高等学校への円滑な移行が高校生活への適応につながるため，中学校との連携は欠かせない。中学校まで不適応であり多様な教育的ニーズを抱えた生徒は，高等学校入学がリスクの発現する大きな節目となることも多い。生徒のニーズやそれまでの指導経過について情報を得ておくことで，入学当初から切れ目のない指導が可能となる。

❷ 多様性理解を踏まえた支援の指針

⑴ インクルーシブ教育の拡充

　生徒たちがこれから生きていく時代は，人種，性別，文化，宗教などさまざまな違いを受け入れ，お互いに認め合い尊重して，対等な関係を築いていく多様性の時代である。そのため，障害のある生徒を含めた多様な生徒を含めた互いの違いを認め合いながら共に学べるインクルーシブの理念に基づいた教育環境をつくることは高等学校においても重要な課題といえる。この実現のために，対象生徒への個別の支援とあわせて，生徒同士が互いに理解し，協力して学ぶための集団づくりが重要な支援の一つとなる。心理的な安心・安全を確保したうえで協働学習やグループディスカッションを取り入れることにより，生徒たちは互いの多様な意見や価値観を尊重しながら思考し，協力・協働しながら課題に取り組むことができるようになる。このような学びの場を整備し提供することにより，異なる背景をもつ他者とのコミュニケーション能力が高まり，多様性を受容する態度を身につけていくのである。

⑵ チームで生徒を支える──学校における組織的対応

　多様な背景のある生徒が抱える個別の課題に対応するためには，相談・支援体制の充実は欠くことができない。担任・学年団を核として生徒指導主事等と協力して「機動的連携型支援チーム」で対応することが求められる。深刻な課題には，管理職・養護教諭・特別支援教育コーディネーター，スクールカウンセラー（SC）やスクールソーシャルワーカー（SSW）など必要な人員をメンバーに入れた組織的な対応が重要となる。また，家庭環境の多様性に配慮し，家庭訪問や保護者との面談を通じて，学校と家庭の連携を強化することも欠か

せない。保護者もチームの一員であるとの理解から，信頼関係を築くことが生徒への有効な支援につながるのである。

(3) 関係機関や地域との連携の強化

　チーム支援においては学校内の連携・協働だけではなく，関係機関や地域社会とも連携して多様性に対応するためのサポート体制を整えることも重要である。例えば，生徒の予期しない妊娠の場合，「関係者間で十分に話し合い，生徒に学業継続の意思がある場合には，安易に退学処分や事実上の退学勧告等の対処は行わない」ことに留意し（文部科学省，2018），確実に医療機関につなぐとともに，状況によっては自治体の「要保護児童対策地域協議会」の対象ケースとして「特定妊婦」として支援を行う場合もある。

　留意点としては，連携の前に保護者の理解と同意を得ることが必要である。また，関係機関の専門性を活かした連携・協働を行うために，平時から「顔の見える関係」をつくっておき，支援内容について詳しく確認しておくことも大切である（文部科学省，2014）

(4) 生徒指導のための教員研修──「学び続ける教師」であるために

　多様性を尊重する態度をはぐくむことは，人間の尊厳の尊重を目的とする人権教育と密接にかかわっている。人権教育のいっそうの改善・充実を図るためには人権教育を推進する教師が人権感覚を常にアップデートすることを怠らないことが重要である。しかし，現状においては「人権教育が知的理解にとどまり，教師に人権尊重の理念が十分な認識がいきわたっていない等の問題」が指摘されている（法務省，2011）。積極的に校内外の研修に参加し，「学び続ける教師」として，自己理解を深め，自らの実践や体験を批判的に問い直す姿勢を持ち続けることが大切である。

❸ 中途退学者への支援──将来につなげる支援の充実

　高等学校が小・中学校と異なるのは，学習不適応や不登校による単位不認定，あるいは問題行動等による中途退学が制度としてあることである。高等学校に在籍していれば，担任をはじめとする教師からのさまざまな働きかけや，SC

第 15 章　高等学校の多様性の理解と対応

や SSW からの援助，専門機関へのリファー（紹介）が可能である。また，生徒を介して困難を抱える家庭への福祉的な支援に繋げる糸口の役割も有している。社会的セーフティネットとしての学校から生徒を切り離さないためにも，予防的対応や問題の早期発見・早期対応を組織的に行うことが求められる。

　しかし，やむを得ずに中途退学にいたった場合，就学を継続して卒業できるようにさまざまな選択肢を示して支える必要がある。現在は，定時制や通信制課程，あるいは単位制や多部制などの高等学校のほかに，通信制と連携したサポート校もある。教師は情報提供を行い生徒のニーズに合致した選択ができるように支援を行う。生徒が就学を断念する場合でも多様な学び直しを行う機会があるため高等学校卒業は可能であり，将来就学を希望した場合には高等学校教育に復帰できることをあらかじめ情報提供しておくことも必要である。

　就職を希望する場合は，ハローワークとの連携を核としながら，若年者を対象とする就労支援機関につなげる。具体的には，15〜49歳までを対象に，キャリア相談やスキルトレーニング，就労体験などの就労支援を行っている「地域若者サポートステーション」や，若年者を対象に支援を行う「ジョブカフェ」のサービスを利用する方法もある。

　以上の情報提供や外部につなげる支援は，中途退学者だけが対象とは限らない。卒業により学校を離れる場合にも，継続的な支援が必要な生徒には外部との連携を行うことが大切である。

第3節　スポーツ選手とキャリア教育

❶ 高等学校におけるキャリア教育

　現代の高等学校の課題である中途退学の大きな抑止力の１つとして，生徒のキャリア発達の促進が挙げられる。文部科学省は「一人一人の社会的・職業的自立に向け，必要な基盤となる能力や態度を育てることを通して，キャリア発

第3節　スポーツ選手とキャリア教育

達を促すためのキャリア教育の推進・充実への期待が高まっている」ことを指摘し，キャリア教育の重要性を提唱している。自分の将来における生き方や進路を模索し，大人の社会でどう生きていくかという課題に出合う高校生期においては，自らの将来のキャリア形成を自ら考えさせ，選択させることが重要になる（文部科学省，2023c）。

❷ 学業以外の特定の活動に高校生活の多くの比重を割いている生徒

　前節では，現代の高等学校が生徒の多様なニーズに対応するため，学びの多様化が進み，支援体制の構築が求められていることが述べられた。その延長として，生徒一人一人の実態や進路希望，生き方に寄り添ったキャリア教育が必要である。例えばスポーツ選手や音楽家，芸術家といった，学業以外の特定の活動に高校生活の多くの比重を割いている生徒が多数存在する。そのような生徒は将来を見据えて努力を続けているが，高等学校卒業後もこれまでと同様に活動を中心に据えた人生を考えるあまり，キャリア教育の重要性を軽視し，先送りにする傾向がみられる。しかしそうした意識は，高校生期後半に多くの生徒が直面する発達課題を十分に経験することなく成長し，活動引退後の不適応につながる恐れがある。そのため，活動引退後のキャリア選択を適切に行えるように，一人一人の視点に立ったキャリア教育の推進・充実が求められる。この節では，学業以外の特定の活動に高校生活の多くの比重を割いている生徒に焦点をあて，その強みと課題を明らかにし，生徒指導提要（文部科学省，2022）および中学校・高等学校キャリア教育の手引き（文部科学省，2023c）をもとにキャリア教育の必要性を明らかにする。

⑴ 特定の活動に高校生活の多くの比重を割いている高校生の強み

　特定の活動に没入し努力を継続している高校生は，活動を通してさまざまな能力が培われ強化されている。その中には，キャリア教育で育成すべき力である基礎的・汎用的能力の育成につながっている場合がある。例えば，目標を達成するために課題を設定し，計画を立てて達成しているスポーツ選手は，課題対応能力を競技の中で自然に身につけている。このように特定の活動を通して

第 15 章　高等学校の多様性の理解と対応

多様な能力や経験を培っており，それらを活かして引退後のキャリアにつなげられる強みがある。

⑵ 特定の活動に高校生活の多くの比重を割いている高校生の課題

特定の活動に高校生活の多くの比重を割いている高校生の中には，幼少期からその活動を中心とした生活を過ごし，保護者や指導者のもとで取り組んでいたり，固定されたコミュニティに属したりすることが多い。そのため，人間関係が閉ざされ，特定の周囲の大人の影響を大きく受けることが懸念される。また時間の制約等もあり，特定の活動以外の協働経験が少ない。つまり特定のコミュニティの中では自身の実力を発揮できるものの，特定以外のコミュニティとはかかわりが希薄で柔軟性が欠けている可能性が考えられる。そして，周囲の大人に従い自己表現する必要性を感じていないこと，自己理解が低いこと，さらにはその活動に自身の価値を随伴し，活動に没入することで，高校生期に多くの生徒が抱える葛藤を逃れてキャリアに対する不安を軽減している可能性も考えられる。活動を終えたときに初めて「自分は何者か」という問いに直面し，アイデンティティ喪失に陥る可能性が高いことが挙げられる。

以上のように，特定の活動に高校生活の多くの比重を割く高校生は，活動を通して培われた能力や経験をもっている。しかしながら，その活動に多くの比重を割いていることで特定の活動外での他者とのかかわりや自己理解の低さが懸念され，精神的・社会的自立が遅れている可能性がある。また活動が終わった後の自分をイメージすることがむずかしく，適応のむずかしさを感じていることがある。そのため，その活動が終わった後もきちんとキャリア設計ができるように，高校生期からキャリア発達を促すことが必要である。

❸ キャリア発達の必要性

以上の特徴を踏まえて，キャリア教育の必要性と支援について述べる。

⑴ 体験的な学習の機会の提供

特定の活動外での他者とのかかわりや協働経験の少なさから，新たな環境の中で他者と望ましい人間関係を構築し，協働する経験を得る機会が必要である。

第3節　スポーツ選手とキャリア教育

そのため，キャリア教育を通してそのような体験的な学習の機会を設定し，活動外での他者とのかかわりや視野を広げることが求められる。体験の中で自身の役割をもち，責任をもって役割を果たすことは，勤労観・職業観といった価値観の形成につながる。また他者とのかかわりを通して基礎的・汎用的能力が育成され，活動のパフォーマンス向上やスキルの蓄積につながる。

(2) 活動に特化した知識や機会の提供

現在スポーツ選手におけるキャリア支援では，現役時代の早い段階からデュアルキャリアの考え方を身につけることが望ましいとされている。キャリア教育を通して，そのような特定の活動に関する考え方や支援制度の知識を提供したり，似た経験をした人との交流の機会を設けたりすることで，現役中から引退後までのキャリアのイメージをもつことができる。

(3) 補助自我的な支援行動

高校生期は，「自分の理想ばかり追い求め自己が肥大してしまう生徒もおり，様々な不安や悩みを抱えやすい」（文部科学省，2023c）時期である。しかし，特定の活動に高校生活の多くの比重を割く高校生においては，活動に没入し，自身のキャリアに対して十分に目を向けられない可能性がある。そのため，キャリア教育を通して継続的に方向づけさせながら，教師がモデリングとなる行動を行い，生徒の悩みに寄り添い個別に支援していくことが求められる。教師に限らずその活動の指導者や保護者による理解が必要である。

(4)「キャリア・パスポート」の活用

学校現場で活用されている「キャリア・パスポート」は，生徒自身が自らキャリア形成を見通し自己実現につなげるだけでなく，教師が生徒のキャリア形成の理解を深め，支援する上で重要な資料である。多様な事情を抱える生徒に対して高等学校入学後から対応ができるように，「キャリア・パスポート」を活用しながら中高の連携を円滑に行い，情報共有を行う必要がある。そして，生徒自ら活動引退後のキャリア設計にも目を向けられるように促すことが必要である。

引用および参考文献一覧

第1章　生徒指導の基礎

石隈利紀（1999）．学校心理学．誠信書房．

河村茂雄（2010）．日本の学級集団と学級経営．図書文化社．

國分康孝（1982）．〈自立〉の心理学（講談社現代新書）．講談社．

二宮皓編著（2006）．世界の学校．学事出版．

文部科学省（2022）．生徒指導提要．

第2章　子どもの発達を支える生徒指導

河村茂雄（2007a）．データが語る①学校の課題．図書文化社．

河村茂雄（2007b）．データが語る②子どもの実態．図書文化社．

河村茂雄（2007c）．データが語る③家庭・地域の課題．図書文化社．

無藤清子（1979）．「自我同一性地位面接」の検討と大学生の自我同一性．教育心理学研究，27，178-187．

文部科学省（2022）．生徒指導提要．

文部省学校不適応対策調査研究協力者会議（1992）．登校拒否（不登校）問題について（報告）．

Erikson,E.H.（1950）．*Childhood and society*. W. W. Norton & Co.（仁科弥生訳（1977）．幼児と社会1．みすず書房．）（仁科弥生訳（1980）．幼児と社会2．みすず書房．）

Havighurst, R.J.（1953）．*Human development and education*. Longmans Green.（荘司雅子訳（1958）．人間の発達課題と教育．牧書店．）

Marcia, J.E.（1966）．Development and validation of ego-identity status. *Journal of Personality and Social Psychology*, 3, 551-558.

第3章　教育活動に活かす生徒指導，column 1，column 2，column 3

石本雄真（2016）．現代青年の友人関係を捉える新たな視座をより充実したものにするために．青年心理学研究，27（2），171-176.

加藤司（2007）．心理学の研究法．北樹出版．

河村茂雄・品田笑子・藤村一夫編著（2007a）．学級ソーシャルスキル小学校低学年．図書文化社．

河村茂雄・品田笑子・藤村一夫編著（2007b）．学級ソーシャルスキル小学校中学年．図書文化社．

河村茂雄・品田笑子・藤村一夫編著（2007c）．学級ソーシャルスキル小学校高学年．図書文化社．

河村茂雄・品田笑子・小野寺正己編著（2008）．学級ソーシャルスキル中学校．図書文化社．

國分康孝（1981）．エンカウンター．誠信書房．

國分康孝（1992）．構成的グループ・エンカウンター．誠信書房．

國分康孝監修（1997）．スクールカウンセリング事典．東京書籍．

國分康孝監修（2001）．現代カウンセリング事典．金子書房．

スポーツ庁（2018）．平成29年度運動部活動等に関する実態調査報告書．

野島一彦編（1999）．グループ・アプローチ（現代のエスプリ385）．至文堂．

文部科学省（2013）．体罰の禁止及び児童生徒理解に基づく指導の徹底について（通知）．

文部科学省（2022）．生徒指導提要．

文部省（1988）．生徒指導資料第20集．

第4章　生徒指導体制と組織的な取組み，column 4

安藤清志（1986）．対人関係における自己開示機能．東京女子大学紀要論集，36（2），167-199．

飯沼俊雄（2022）．教員の成長とセルフマネジメント10　外部の研修会・学習会での学びの意義．

井口武俊・河村茂雄（2024）．学級における児童の内的外的適応尺度の作成と信頼性・妥当性の検討．日本学級経営心理学会，13（1），11-18．

伊佐貢一（2022）．みんなが動き出すためのシステム6　みんなで支え合うシステムと「学級集団づくりスタンダードプラン」．河村茂雄編著．開かれた協働と学びが加速する教室．図書文化社．144-145．

岡田弘（2010）．児童用自己開示尺度の構成．教育カウンセリング研究，3（1），20-26．

河村茂雄編（2000）．Q-U による学級経営コンサルテーション・ガイド．図書文化社．84-85．

河村茂雄編著（2022）．開かれた協働と学びが加速する教室．図書文化社．156-157．

河村茂雄・田上不二夫（1997）．児童のスクール・モラルと担任教師の勢力資源認知との関係についての調査研究．カウンセリング研究，30，11-17．

小嶋佑介・中坪太久郎（2024）．児童用幸福感尺度の作成および信頼性・妥当性の検証．心理学研究，advpub（0）．

嶋崎政男（2008）．生徒指導体制．八並光俊・國分康孝編集．新生徒指導ガイド．図書文化社．102．

鈴木隆司（2022）．小学校における生徒指導体制に関する現状と課題．千葉大学教育学部研究紀要，70，67-74．

瀬戸美奈子・石隈利紀（2003）．中学校におけるチーム援助に関するコーディネーション行動とその基盤となる能力および権限の研究──スクールカウンセラー配置校を対象として──．教育心理学研究，51，378-389．

田上不二夫監修，河村茂雄著（1998）．たのしい学校生活を送るためのアンケート Q-U（心理検査）．図書文化社．

瀧野揚三（2006）．学校危機への対応──予防と介入──．教育心理学年報，45，162-175．

西村多久磨・河村茂雄・櫻井茂男（2011）．自律的な学習動機づけとメタ認知的方略が学業成績を予測するプロセス．教育心理学研究，59（1），77-87．

西山久子・淵上克義・迫田裕子（2009）．学校における教育相談活動の定着に影響を及ぼす諸要因の相互関連性に関する実証的研究，教育心理学研究，57（1），99-110．

藤原寿幸・河村昭博・河村茂雄・小野寺敦子・畑潮（2021）．小学生用 Ego-Resiliency 尺度（ER89-K）の作成と信頼性・妥当性の検討．学級経営心理学研究，10（1），1-8．

文部科学省（2016）．次世代の学校指導体制の在り方について（最終まとめ）（平成 28 年 7 月 29 日）．

文部科学省（2019）．「生きる力」をはぐくむ学校での安全教育．

文部科学省（2022）．生徒指導提要．

Cozby, P. C.（1973）．*Self-disclosure*. Psychological Bulletin, 79(2), 73-91.

第5章　生徒指導に関する主な法令，column 5

乾彰夫・桑嶋晋平・原未来・船山万里子・三浦芳恵・宮島基・山﨑恵里菜（2012）．高校中退者の中退をめぐる経緯とその後の意識に関する検討．教育科学研究，26，25-84．

小野善郎・保坂亨（2012）．移行支援としての高校教育．福村出版．

河村茂雄（2000）．教師特有のビリーフが児童に与える影響．風間書房．

国立教育政策研究所（2017）．高校中退報告書．

内閣府（2010）．社会生活を円滑に営む上で困難を有する子ども・若者への総合的な支援を社会全

体で重層的に実施するために.

内閣府（2011）. 若者の意識に関する調査.

文部科学省（2007）. 問題行動を起こす児童生徒に対する指導について（通知）.

文部科学省（2008）. 高等学校における生徒への懲戒の適切な運用について（通知）.

文部科学省（2011〜2022）公立学校教職員の人事行政状況調査.

文部科学省（2011）. 暴力行為のない学校づくりについて（報告書）.

文部科学省（2022）. 生徒指導提要.

文部科学省（2023）. 令和4年度児童生徒の問題行動・不登校等生徒指導上の諸課題に関する調査結果の概要.

第6章　進路指導とキャリア教育，column 6，column 7

坂柳恒夫（1990）. 進路指導におけるキャリア発達の理論. 愛知教育大学研究報告，39，141-155.

中央教育審議会（2011）. 今後の学校におけるキャリア教育・職業教育の在り方について（答申）.

永作稔（2012）. 進路指導の評価と活用. 新井邦二郎編. 進路指導. 培風館.

中越敏文（2009）. 小学校におけるキャリア教育の必要性に関わる研究. 愛知教育大学研究報告，58，179-187.

藤田晃之（2014）. キャリア教育基礎論——正しい理解と実践のために——. 株式会社実業之日本社.

溝上慎一（2009）. 「大学生活の過ごし方」から見た学生の学びと成長の検討. 京都大学高等教育研究，15，107-118.

文部省（1961）. 進路指導の手引——中学校学級担任編——. 日本職業指導協会.

文部省（1995）. 進路指導の手引——中学校学級担任編——（三訂版）.

文部科学省（2011）. 中学校キャリア教育の手引き.

文部科学省（2017）. 小学校学習指導要領総則編.

文部科学省（2019）. 「キャリア・パスポート」例示資料等について.

文部科学省（2022）. 生徒指導提要.

文部科学省（2023）. 中学校・高等学校キャリア教育の手引き——中学校・高等学校学習指導要領（平成29年・30年告示）準拠——.

若松養亮・下村英雄編（2012）. 詳解　大学生のキャリアガイダンス論. 金子書房.

渡辺三枝子編著（2018）. 新版キャリアの心理学［第2版］. ナカニシヤ出版.

第7章　現代の子どもを取り巻く問題，column 8

浅野恭子・亀岡智美・田中英三郎（2016）. 児童相談所における被虐待児へのトラウマインフォームド・ケア. 児童青年精神医学とその近接領域，57（5），748-757.

新井雅・余川茉祐（2022）. 小学生に対する援助要請に焦点を当てた心理教育プログラムの効果研究——自殺予防教育への示唆——. 教育心理学研究，70，389-403.

兼田智彦（2006）. 学校の危機管理　虐待から子どもを守る. 明治図書.

河村茂雄（2006）. 学級経営に生かすカウンセリングワークブック. 金子書房.

厚生労働省（2007）. 子どもの自殺予防のための取組に向けて（第1次報告）.

厚生労働省（2020）. e-ヘルスネット　ネグレクト.

https://www.e-healthnet.mhlw.go.jp/information/dictionary/heart/yk-046.html（2024年9月30日閲覧）.

厚生労働省（2024）. 令和5年中における自殺の状況.

国立成育医療研究センター（2023）. コロナ禍における親子の生活と健康の実態調査.

子ども家庭庁（2023）．令和4年度児童虐待相談件数（速報値）．

子ども家庭庁（2024）．令和5年度　青少年のインターネット利用環境実態調査．

児童虐待問題研究会（2018）．全訂Q&A　児童虐待防止ハンドブック．

総務省（2013）．青少年のインターネット利用と依存傾向に関する調査　調査結果報告書．

中村有吾・瀧野揚三（2015）．トラウマインフォームドケアにおけるケアの概念と実際．学校危機とメンタルケア，7，69-83．

原田知佳・畑中美穂・川野健治・勝又陽太郎・川島大輔・荘島幸子・白神敬介・川本静香（2019）．中学生の潜在的ハイリスク群に対する自殺予防プログラムの効果．心理学研究，90（4），351-359．

本田真大（2015）．援助要請のカウンセリング——「助けて」と言えない子どもと親への援助——．金子書房．

文部科学省（2007）．養護教諭のための児童虐待対応の手引き．

文部科学省（2009）．教師が知っておきたい子どもの自殺予防．

文部科学省（2014）．子供に伝えたい自殺予防——学校における自殺予防教育導入の手引——．

文部科学省（2022）．生徒指導提要．

文部科学省（2023）．令和4年度児童生徒の問題行動・不登校生徒指導上の諸問題に関する調査．

World Health Organization（2019）．*ICD-11*.

第8章　不登校の理解と対応

石隈利紀（1999）．学校心理学．誠信書房．

河村茂雄（2010）．日本の学級集団と学級経営．図書文化社．

東京都教育委員会（2018）．児童・生徒を支援するためのガイドブック——不登校への適切な対応に向けて——．

文部科学省（2017）．義務教育の段階における普通教育に相当する教育の機会の確保等に関する基本指針．

文部科学省（2019）．不登校児童生徒への支援の在り方について（通知）．

文部科学省（2022）．生徒指導提要．

文部科学省（2023）．令和4年度児童生徒の問題行動・不登校等生徒指導上の諸課題に関する調査結果．

Engel, G.（1977）．The Need for a New Medical Model: A Challenge for Biomedicine. *Science, New Series*, 196（4286），129-136.

第9章　いじめの理解と対応

明里春美（2007）．いじめにどう対処するか．指導と評価，53（6），17-21．

河村茂雄（2007）．データが語る①学校の課題．図書文化社．

河村茂雄・武蔵由佳（2007）．学級集団の状態といじめの発生についての考察．教育カウンセリング研究，2（1），1-7．

原田正文監修（2008）．友だちをいじめる子どもの心がわかる本．講談社．

坂西友秀・岡本祐子編著（2004）．いじめ・いじめられる青少年の心．北大路書房

森田洋司・清永賢二（1986）．いじめ．金子書房．

森田洋司・清永賢二（1994）．いじめ（新訂版）．金子書房．

文部科学省（2022）．生徒指導提要．

文部科学省（2024）．令和5年度児童生徒の問題行動・不登校等生徒指導上の諸課題に関する調査．初等中等教育局児童生徒課．

第 10 章　非行問題の理解と対応, column9, column10

生島浩．(2003)．非行臨床の焦点．金剛出版．

警視庁（2016）．平成 29 年における少年非行，児童虐待および子どもの性被害の状況．

総務庁青少年対策本部（2000）．低年齢少年の価値観等に関する調査．

高原正興（2002）．非行と社会病理学理論．三学出版．

World Health Organization 編，融道男・中根允文・小見山実・岡崎祐士・大久保善朗監訳 (2005)．ICD-10 精神および行動の障害―臨床記述と診断ガイドライン―．医学書院．

内閣府（2009）．青少年白書．

法務省（2023）．令和 5 年版犯罪白書．

文部科学省（2022）．生徒指導提要．

American Psychiatric Asociation 編，日本精神神経学会日本語版用語監修，髙橋三郎・大野裕監訳 (2014)．DSM- 5 精神疾患の診断・統計マニュアル．医学書院．

Becker, H.S. (1963). Outsiders. Free Press.（村上直之訳（1978）．アウトサイダーズ．新泉社．）

Hirschi, T. (1969). *Causes of delinquency*. University of California Press.（森田洋司・清水新二監訳（1995）．非行の原因．文化書房博文社．）

Park, R.E., Burgess, E.W. & McKenzie, R.D. (1925). *The city*. University of Chicago Press.（大道安次郎・倉田和四生訳（1972）．都市．鹿島出版会．）

第 11 章　学級崩壊・授業崩壊の理解と対応

河村茂雄（1999）．学級崩壊に学ぶ．誠信書房．

河村茂雄（2000a）．学級崩壊予防・回復マニュアル．図書文化社．

河村茂雄編（2000b）．学級経営コンサルテーション・ガイド．図書文化社．

河村茂雄編著（2001a）．グループ体験によるタイプ別！　学級育成プログラム小学校編．図書文化社．

河村茂雄編著（2001b）．グループ体験によるタイプ別！　学級育成プログラム中学校編．図書文化社．

河村茂雄（2002）．教師のためのソーシャル・スキル．誠信書房．

河村茂雄（2007）．データが語る①　学校の課題．図書文化社．

河村茂雄（2010）．日本の学級集団と学級経営．図書文化社．

全国連合小学校長会（2006）．学級経営上の諸問題に関する現状と具体的対応策の調査．

野島一彦編（1999）．グループ・アプローチ（現代のエスプリ385）．至文堂．

文部科学省（2022）．生徒指導提要．

文部省（1992）．登校拒否（不登校）問題について．

第 12 章　家庭・地域・関係機関との連携, column11

中央教育審議会（2015）．新しい時代の教育や地方創生の実現に向けた学校と地域の連携・協働の在り方と今後の推進方策について（答申）．

国立教育政策研究所生徒指導研究センター（2011）．学校と関係機関等との連携（生徒指導資料第 4 集）．

森田健宏・田爪宏二・吉田佐治子（2024）．よくわかる！　教職エクササイズ 3　教育相談（第 2 版）．ミネルヴァ書房．

文部科学省（2001）．少年の問題行動等への対応のための総合的な取組の推進について（通知）．

文部科学省（2014）．行政説明「コミュニティ・スクールの今後の展開」（平成 25 年度「学校のマネジメント力強化セミナー」〈平成 26 年 2 月 7 日〉）．

文部科学省（2015）．「学校を核とした地域力強化プラン」について（平成 28 年度「学校を核とした地域力強化プラン」の概算要求に係るブロック説明会〈平成 27 年 9 月〉）．

文部科学省（2022a）．地域と学校の連携・協働体制の実施・導入について．

文部科学省（2022b）．生徒指導提要．

文部省（1998）．学校の「抱え込み」から開かれた「連携」へ（児童生徒の問題行動等に関する調査研究協力者会議報告書）．

第13章　特別支援教育と生徒指導, column12, column13

梅永雄二（2007）．自閉症児の自立をめざして．北樹出版．

梅永雄二（2014）．発達障害者の就労支援．LD研究，23（4）．

梅永雄二・島田博祐・森下由規子編著（2019）．みんなで考える特別支援教育．北樹出版．

岡島純子・加藤典子・吉富裕子・金谷梨恵・作田亮一（2017）．自閉スペクトラム症を有する中学生のソーシャル・スキルと学校不適応感およびストレス反応．脳と発達，49（2），120-125．

河村茂雄編著（2022）．開かれた協働と学びが加速する教室．図書文化社．

熊谷高幸（2017）．自閉症と感覚過敏　特有な世界はなぜ生まれ，どう支援すべきか？．新曜社．

厚生労働省（2022）．自殺総合対策大綱～誰も自殺に追い込まれることのない社会の実現を目指して～．https://www.mhlw.go.jp/stf/taikou_r041014.html　最終閲覧日2025年1月7日．

齊藤万比古（2009）．発達障害が引き起こす二次障害へのケアとサポート．学研出版．

総務省（2017）．発達障害者支援に関する行政評価・監視＜結果に基づく勧告＞．
https://www.soumu.go.jp/main_content/000458760.pdf

髙橋幾（2024）．小学校の通常学級においてインクルーシブ教育を推進するための教育実践の在り方の検討——共有化された指標を活用した教師同士の協働に注目して——（博士論文（教育学））．早稲田大学，乙第7045号．

電通グループ（2023）．LGBTQ+調査2023
https://www.group.dentsu.com/jp/news/release/pdf-cms/2023046-1019.pdf

深沢和彦（2021）．インクルーシブ教育を推進する小学校の学級経営のあり方——通常学級担任教師の指導行動と指導意識に注目して——（博士論文（教育学））．早稲田大学，甲第6412号．

本郷一夫（2019）．発達性協調運動障害の理解と支援の方向性．辻井正次・宮原資英監修．発達性協調運動障害［DCD］不器用さのある子どもの理解と支援．金子書房．

本田秀夫（2022）．学校の中の発達障害——「多数派」「標準」「友だち」に合わせられない子どもたち——．SBクリエイティブ．SB新書．

文部科学省（2022）．通常の学級に在籍する特別な教育的支援を必要とする児童生徒に関する調査結果について．
https://www.mext.go.jp/content/20230524-mext-tokubetu01-000026255_01.pdf

文部科学省（2022）．生徒指導提要．
https://www.mext.go.jp/content/20230220-mxt_jidou01-000024699-201-1.pdf

文部科学省（2023）．日本語指導が必要な児童生徒の受入状況等に関する調査（令和5年度）
https://www.mext.go.jp/b_menu/houdou/31/09/1421569_00006.htm

吉川徹（2017）．LDへの合理的配慮と医療機関での取り組み　児童青年精神医学とその近接領域．58（3），359-369．

早稲田大学ダイバーシティ推進室（2023）．教職員向け　セクシャルマイノリティ学生への配慮・対応ガイド．

American Psychiatric Association (2013). *Diagnostic and Statistical Manual of Mental Disorders, 5th ed.* （高橋三郎・大野　裕　監訳（2014）．DSM-5　精神疾患の分類と診断の手引き．医学書院．）

第14章　進路指導・キャリア教育の展開

小泉令三編著（2010）．よくわかる生徒指導・キャリア教育．ミネルヴァ書房．
厚生労働省（2012）．中学校・高校におけるキャリア教育実践テキスト．実業之日本社．
国立教育政策研究所（2008）．キャリア教育体験活動事例集第1分冊．
国立教育政策研究所（2009）．キャリア教育体験活動事例集第2分冊．
国立教育政策研究所（2018）．平成28年度職場体験・インターンシップ実施状況等調査結果．
中央教育審議会（1999）．初等中等教育と高等教育との接続の改善について（答申）．
中央教育審議会（2011）．今後の学校におけるキャリア教育・職業教育の在り方について（答申）．
永作稔・新井邦二郎（2005）．自律的高校進学動機と学校適応・不適応に関する短期縦断的検討．
　教育心理学研究．53（4），516-528．
藤田晃之（2014）．キャリア教育基礎論．実業之日本社．
文部科学省（2004）．キャリア教育の推進に関する総合的調査研究協力者会議報告書〜児童生徒一
　人一人の勤労観，職業観を育てるために〜の骨子．
文部科学省（2005）．中学校職場体験ガイド．
文部科学省（2018）．平成28年度「児童生徒の問題行動・不登校等生徒指導上の諸問題に関する調
　査」（確定値）について．
文部科学省（2022）．文部科学統計要覧（令和5年版）．
文部科学省（2023）．中学校・高等学校キャリア教育の手引き――中学校・高等学校学習指導要領
　（平成29年・30年告示）準拠――．
Yanai, H.（1980）. Predictive validity of aptitude diagnostic Test. *Hiroshima Forum for Psychology*.
　7, 13-24.

第15章　高等学校の多様性の理解と対応

法務省（2011）．人権教育・啓発に関する基本計画．
文部科学省（2014）．学校における子供の心のケア――サインを見逃さないために――．
文部科学省（2018）．公立の高等学校における妊娠を理由とした退学等に係る実態把握の結果等を
　踏まえた妊娠した生徒への対応等について（通知）．
文部科学省（2019）．文部科学省「キャリア・パスポート」例示資料等について．
文部科学省（2021）．ヤングケアラーの支援に向けた福祉・介護・医療・教育の連携プロジェクト
　チーム報告．
　https://www.mext.go.jp/content/20210521-mxt_jidou02-000015177_b.pdf
文部科学省（2022）．生徒指導提要．
文部科学省（2023a）．「性的指向及びジェンダーアイデンティティの多様性に関する国民の理解の
　増進に関する法律」の公布について（通知）．
　https://www.mext.go.jp/content/230705-mxt_kyousei01-000029040_06.pdf
文部科学省（2023b）．誰一人取り残されない学びの保障に向けた不登校対策（COCOLOプラン）．
　https://www.mext.go.jp/content/20230418-mxt_jidou02-000028870-cc.pdf
文部科学省（2023c）．中学校・高等学校キャリア教育の手引き．

おわりに

　1980年代初期，学校現場は荒れた状態が続いていた。生徒指導は，そうした状態を抑え，逸脱行動をする子どもを矯正することである，というイメージが強かった。新任教師だった筆者も，教師として一人前の対応ができるようにと，戸惑いながら先輩の先生方のやり方を模倣していた。

　しかし，注意をする教師の前では行動を正しても，すぐに元に戻ってしまう子どもを見て，このような対症療法を繰り返していることに虚しさを感じた。子ども自身が自覚をもち，自分の行動を自己管理できるようにならなくては意味がないと思ったのである。

　そんなとき，自発的で向社会的な行動を子どもに促すために「育てるカウンセリング」を提唱されていた國分康孝先生に共鳴した。育てるカウンセリングとは，問題解決に徹して「治す」のではなく，感情・行動などの発達を援助し，問題を予防するという考え方に基づいたカウンセリングである。すぐに追っかけを始め，30代のとき，國分先生がいらっしゃった筑波大学の大学院に入学してカウンセリングと構成的グループエンカウンターを学んだ。それ以来ずっと，この路線で研究と実践を続けてきた。気がついたら筆者も当時の國分先生と同じ年齢になっていた。そして，「育てるカウンセリング」は現在でも生徒指導の核に位置づいているのである。

　2017年改訂の学習指導要領（高等学校は2018年）からは，変化の激しい社会で生き抜く力となる資質・能力（コンピテンシー）の獲得をめざすことが示された。この指針は学習指導だけではなく，生徒指導でも推進されるものである。それは，問題行動の介入を重視するのではなく，その代替行動となりうる資質・能力（コンピテンシー）を，学級のすべての子どもたちに獲得させる支援を進めることによって問題行動の生起を予防するというもので，育てるカウンセリングと通底している。

　変化の激しいこの時代，より複雑な問題や状況が子どもにも見いだされるこ

とだろう。教育関係者は臨機応変に対処していくことが求められるが，機能概念である生徒指導では，何を，いつ，どのように対応するかについて教師個々の判断・実践に委ねられており，遂行がむずかしい。問題を的確にアセスメントする力と，育てるカウンセリングの揺るぎない考え方と対応方針が大事である。

　本書は，『生徒指導・進路指導の理論と実際──改訂版──』（2019年刊）の改訂版であり，生徒指導の取組みのスタンダードとなる考え方と対応のあり方をまとめたものである。

　現役の先生方には，教師間で対応を共有化するために押さえておきたいポイント確認の指標として，そして，教師を志す学生の方々には，学習を進めていくためのガイドとして，活用していただけると幸いである。

　本書は，心理学だけではなく教育学などを専門とされる先生方にも，短いコラムも含めて，短期間にもかかわらず快く執筆していただいた。お礼を申し上げたい。

　最後に，丁寧な編集作業を進めてくださった，図書文化社の佐藤達朗さん，加藤千絵さんに，心からお礼を申し上げたい。

2025年3月
学級集団での協働活動・学習を
「育てるカウンセリング」の核にせんと願いながら

編著者　　河村　茂雄

■編著者紹介

河村　茂雄　かわむら・しげお　早稲田大学教育・総合科学学術院教授
1章，2章，3章 1，10章 1-2，column9，column10，11章
筑波大学大学院教育研究科カウンセリング専攻修了。博士（心理学）。公立学校教諭・教育相談員を経験し，岩手大学助教授，都留文科大学大学院教授を経て現職。日本学級経営心理学会理事長，日本教育カウンセリング学会理事長，日本教育心理学会理事，日本教育カウンセラー協会岩手県支部長。著書に『子どもの非認知能力を育成する教師のためのソーシャル・スキル』『アクティブラーニングを成功させる学級づくり』（誠信書房），『日本の学級集団と学級経営』『学級集団づくりのゼロ段階』（図書文化社），『教師のための失敗しない保護者対応の鉄則』（学陽書房）など。

■執筆者紹介（原稿順，所属は 2025 年 3 月現在）

武蔵　由佳　むさし・ゆか　都留文科大学大学院准教授　3章 2，9章 1-3
早稲田大学大学院教育学研究科修了。博士（心理学）。公立中学校・私立高等学校の相談員，早稲田大学非常勤講師，盛岡大学准教授を経て現職。児童生徒学生の対人関係を通した自己形成および心理教育的援助について研究している。公認心理師，臨床心理士，学校心理士，上級教育カウンセラー。

河村　昭博　かわむら・あきひろ　早稲田大学教育・総合科学学術院非常勤講師　3章 3-4
早稲田大学大学院教育学研究科（博士後期課程）修了。博士（教育学）。教員の指導行動と教員のユーモア表出および児童生徒のスクール・モラールとユーモア表出にかかわる実証的な研究を深めている。公立小学校，公立中学校へ学級経営の助言や講義等を行っている。またインクルーシブ教育，インターンシップ活動実践にも取り組んでいる。

後藤　里英　ごとう・りえ　早稲田大学大学院教育学研究科　column1，14章 2
早稲田大学大学院教育学研究科博士後期課程に在籍。日本型学校の特徴である学級集団を生かした道徳性やコンピテンシーの育成に関心があり，PBL について研究中。著書に『学級担任が進める特別支援教育の知識と実際』『開かれた協働と学びが加速する教室』（分担執筆，図書文化社）。

河村　明和　かわむら・あきかず　東京福祉大学保育児童学部専任講師
column2，6章，8章，14章 1
早稲田大学大学院教育学研究科高度教職実践専攻（教職大学院）修了。教職修士（専門職）。早稲田大学大学院教育学研究科教育基礎学専攻博士後期課程に在学し現職。特別活動の指導法，児童生徒指導論，教育方法論などを授業で担当。教科，教科外にかかわらず，児童生徒の主体的な学びにおける教育的効果についての研究を行っている。

本田　真　ほんだ・しん　名古屋産業大学准教授　column3，5章 2，10章 3，15章 2
早稲田大学大学院教育学研究科博士後期課程研究指導終了退学。公立高等学校教諭を経験したのち，東海学院大学を経て現職。公認心理師，キャリア・コンサルタント，学校心理士。著書に『教育心理学の理論と実際』『開かれた協働と学びが加速する教室』（分担執筆，図書文化社）など。

井芹　まい　いせり・まい　小田原短期大学保育学科准教授　4章 1，column7，7章 1
早稲田大学大学院教育学研究科博士後期課程研究指導終了退学。早稲田大学非常勤講師を兼務。初等教育学を専攻した経験をもとに，その知見を中学校・高等学校・専門学校・大学の教育に活かすことを志す。現在は「大学生の社会的資質・能力の獲得とキャリア選択」について興味がある。公認心理師，学校心理士。

237

森永　秀典　もりなが・ひでのり　金沢星稜大学准教授　4章2, column8

早稲田大学大学院教育学研究科博士後期課程研究指導終了退学。公立小学校教諭を経て現職。日本学級経営心理学会理事。公認心理師。研究テーマは，教員組織の協働性の構築。著書に「集団の発達を促す学級経営―小学校低学年―」（分担執筆，図書文化社），「開かれた協働と学びが加速する教室」（分担執筆，図書文化社）など。

小野寺正己　おのでら・まさみ　早稲田大学教育・総合科学学術院非常勤講師　column4

早稲田大学教育・総合科学学術院非常勤講師及び仙台市天文台台長・盛岡市子ども科学館プロジェクトマネジャー。博士（学術）。公立小学校および中学校教諭，公立科学館学芸員を経て現職。日本教育カウンセリング学会常任理事。著書に『いま子どもたちに育てたい学級ソーシャルスキル中学校』（共著，図書文化社）など。

藤原　寿幸　ふじわら・としゆき　横浜国立大学大学院教育学研究科高度教職実践専攻准教授
　5章1, 14章3

早稲田大学大学院教職研究科修了。同大学院教育学研究科博士後期課程指導終了退学。公認心理師，学校心理士SV，上級教育カウンセラー。15年間の公立小学校教諭・主任教諭としての経験を経て，現職。「子どもたちによる主体的な学級づくり」に関心をもち，学級経営について研究を続ける。特に学級目標，学級じまい，子どもの非認知能力を専門領域としている。

深沢　和彦　ふかさわ・かずひこ　神奈川県立保健福祉大学教授　column5, 12章1

公立小・中学校に29年間勤務，東京福祉大学准教授を経て現職。主な研究テーマはインクルーシブな学級経営。日本学級経営心理学会監事，学校心理士，上級教育カウンセラー，ガイダンスカウンセラー。著書に『教師のためのソーシャルスキルトレーニング』（共著，合同出版），『集団の発達を促す学級経営』（共著，図書文化社）など。

森　　俊博　もり・としひろ　山口学芸大学准教授　column6, 7章2

早稲田大学大学院教育学研究科博士後期課程研究指導終了退学。15年間の公立小学校教諭・特別支援学校教諭を経て現職。ソーシャルスキルに対する自律的動機づけにかかわる実証的な研究を行っている。公認心理師，初級教育カウンセラー。『開かれた協働と学びが加速する教室』（図書文化社）分担執筆。

井口　武俊　いぐち・たけとし　共立女子大学家政学部児童学科助教　7章3

早稲田大学大学院教育学研究科（博士後期課程）修了。9年間の公立小学校教諭・主任教諭としての経験を経て現職。体育と学級経営・感情心理学・カウンセリング心理学・グループアプローチについての研究を進めながら，公立小，中，高等学校における学級経営についてQ-U・WEBQUのコンサルテーションを行っている。現場で活かせる学級経営の知見を広めていきたい。

根田　真江　ねだ・さなえ　富士大学客員教授　9章4

早稲田大学大学院教育学研究科博士後期課程研究指導終了退学。岩手県公立中学校教諭，副校長，校長を経て現職。日本学級経営心理学会常任理事，日本教育カウンセリング学会常任理事。『集団の発達を促す学級経営・中学校編』（共編著，図書文化社），『災害時にこそ問われる学級経営力 岩手・三陸編』（共著，早稲田大学出版部）。

伊賀美夕季　いが・みゆき　早稲田大学大学院教育学研究科博士後期課程　12章2, column12

早稲田大学大学院教育学研究科博士後期課程に在籍。特別支援学校教諭や公立・私立学校カウンセラー，巡回相談心理士などの経験をもとに，スクールカウンセラーに関する研究を進めている。公認心理士，学校心理士，ガイダンスカウンセラーSV。

生貝　博子　いけがい・ひろこ　早稲田大学教育・総合科学学術院客員教授　12章3

早稲田大学大学院教育学研究科博士後期課程（研究指導修了退学）。千葉県公立小中学校・校長，跡見学園女子大学非常勤講師を経て現職。公認心理師。学級経営や学校組織，校長や教師のワーク・エンゲイジメントの実証的な研究を進めている。

苅間澤勇人　かりまざわ・はやと　会津大学文化研究センター教授　column11

早稲田大学大学院教育学研究科博士後期課程研究指導終了退学。公立高等学校教諭を経て現職。日本学級経営心理学会常任理事，日本教育カウンセリング学会常任理事，公認心理師，学校心理士SV。教育困難校における効果的な心理教育的援助に関する研究を続けている。

髙橋　幾　たかはし・いく　山口県立大学社会福祉学部専任講師　13章, column13

早稲田大学大学院教育学研究科学校教育専攻修了。博士（教育学）。公認心理師。パティシエ，コンビニエンスストア店長の経験を経て，早稲田大学教育学部に入学。特別支援教育，インクルーシブ教育を専門領域としており，特に発達障害のある子どもの学級適応や学齢期から就労までの一貫した支援について研究を行っている。

齊藤　勝　さいとう・まさる　帝京平成大学人文社会学部児童学科准教授　14章4

早稲田大学大学院教育学研究科博士後期課程に在籍。民間放送局に勤務した後，公立小学校教諭，教育委員会を経て現職。学級経営の理論に加え，学びのユニバーサルデザインの視点を生かしたICT利活用の可能性について研究を進めている。著書に『実践「みんながリーダー」の学級集団づくり・小学校』（分担執筆，図書文化社）など。

熊谷圭二郎　くまがい・けいじろう　日本大学教授　14章5, 15章1

早稲田大学大学院教育学研究科修了。博士（教育学）。公立高等学校教諭・教育相談等を経験し，千葉科学大学，神奈川県立保健福祉大学を経て現職。臨床心理士，公認心理師，ガイダンスカウンセラー，キャリア・コンサルタント。著者に『特別活動の理論と実際』『開かれた協働と学びが加速する教室』（分担執筆，図書文化社）など。

牧野　紘子　まきの・ひろこ　早稲田大学大学院教育学研究科博士後期課程　15章3

早稲田大学教育学部初等教育学専攻卒業後，教育学研究科修士課程を経て，現在にいたる。2024年パリオリンピック競泳日本代表。大学院にて教育臨床を学びながらアスリートとして競技を継続している。主にアスリートを対象としたメンタルヘルスやキャリアにおける個別支援，それらを基盤にした指導行動のあり方をテーマに研究をしている。

改訂情報

【改訂版 初版】

・学習指導要領や法律の改訂，教職課程コアカリキュラムや
時代の変化を踏まえ，本文やコラムを適宜見直した。

・上記の理由から章立てを15章立てで再構成。

【三訂版 初版】

・生徒指導提要の改訂や時代の変化を踏まえ，本文やコラム
を適宜見直した。

生徒指導・進路指導の理論と実際
三訂版

2011年 4 月 1 日	初版第 1 刷発行	［検印省略］
2019年 2 月20日	改訂版　初版第 1 刷発行	
2025年 4 月 1 日	三訂版　初版第 1 刷発行	

編 著 者	河村　茂雄Ⓒ	
発 行 人	則岡　秀卓	
発 行 所	株式会社 図書文化社	
	〒112-0012　東京都文京区大塚1-4-15	
	電話 03-3943-2511　FAX 03-3943-2519	
組　　版	株式会社 Sun Fuerza	
装　　幀	株式会社 オセロ	
印　　刷	株式会社 加藤文明社	
製　　本	株式会社 村上製本所	

JCOPY 〈出版者著作権管理機構 委託出版物〉
本書の無断複製は著作権法上での例外を除き禁じられています。
複製される場合は、そのつど事前に、出版者著作権管理機構
（電話03-5244-5088、FAX 03-5244-5089、e-mail: info@jcopy.or.jp）
の許諾を得てください。

乱丁・落丁本の場合はお取り替えいたします。
定価はカバーに表示してあります。
ISBN 978-4-8100-5789-8　C3037